超ど素人がはじめる不動産投資

弦本卓也 著

SE
SHOEISHA

不動産投資って難しいの？

不動産投資は魅力的な投資！

不動産投資は、**家賃としてある程度のまとまった収入が長期間、安定して入ることから、魅力的な投資**といわれています。

不動産の家賃の相場は、株式や為替のような市場の乱高下がほとんどないため、安定して収入を得ることができます。そのため、購入するときに必要なお金も、大部分は銀行などから借りることができます。

時間の面でも、不動産投資では常に相場を気にする必要はありません。購入後の物件や入居者の管理は、管理会社に任せられるのです（第5章2節参照）。こういった点から、不動産投資は「不労所得」ともいわれます。

不動産投資はリスクが高い？

もちろん、不動産投資は他の投資と同様にリスクがあります。特に不動産は金額が高いことから、慎重にリスクを見極めなければなりません。

不動産投資で失敗をしないためには、物件を探すときや、現地で見学するときなどに、ひとつずつじっくり取り組めば、リスクは十分に防げます（第1章6節参照）。

正しい知識を身につけよう

不動産投資の失敗の多くは、相場やリスクを自分でよく調べずに、条件の悪い物件を買ってしまうことが原因です。自分で考えて決められるようになるために、**まずは正しい知識を身につけましょう**。

不動産投資の魅力は、**自分の努力次第で利益を上げられることです。自分に合った方法を見つけて、不動産投資を成功させましょう。**

不動産投資は難しくない

1

常に相場の変化を気にする必要がない

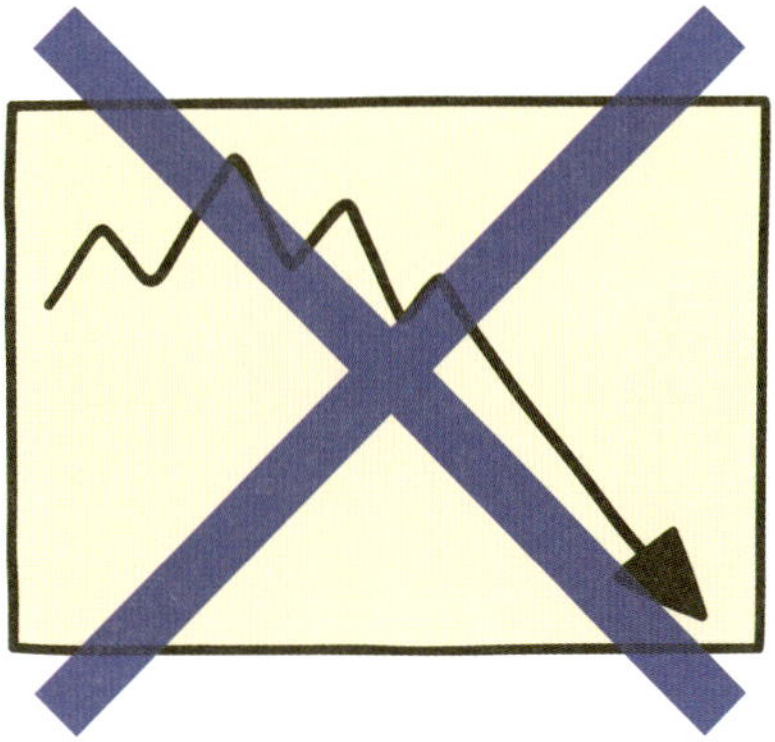

2

必要なお金は銀行から借りられる

3

管理会社に物件や入居者の管理を任せられる

不動産投資のもうひとつの収入

不動産の収入は家賃だけではない

不動産投資の収入といえば、月々の家賃が想像しやすいでしょう。しかし、**不動産を売ったときの収入も忘れられません**。

家賃収入は、物件を貸すときに得られるものですが、物件自体は手元に残ります。そのため、売るときにも収入を得ることができるのです。

不動産の価格が上がることも

また、土地は不動産の中でも劣化がしにくいことから、時間が経っても価値を保ち続ける資産です。

そのような中で、近年の傾向として**「土地」の価格は、都心を中心にじわじわと上がってきています**。国土交通省のデータでは、東京23区の土地の坪単価は、2013年を底値に、上昇を続けています。

収支は全体で見ることが大切

「建物」に関しては、実体のある資産であるため、時間の経過とともに価値が下がります。新築物件の場合、売り出されたときに、不動産会社の広告料や利益が価格に上乗せされているため、買った瞬間にその分の価値が下がるといわれています。しかし、建物自体の価値は、初めの15年間は毎年2%、その後は毎年3%のペースで価値が下がるとも試算されています。

土地に関しても、過去の不動産バブルのように、急激な価格の低下が起こる可能性も否定できません。

そのため、不動産投資の収支では、物件の値上がりをいたずらに期待するのではなく、**毎月の家賃の収入とあわせて、全体の収支を計算すること**が重要です。

不動産投資の収入

東京23区の坪単価

都心を中心に、「土地」の価格はじわじわと上がっている

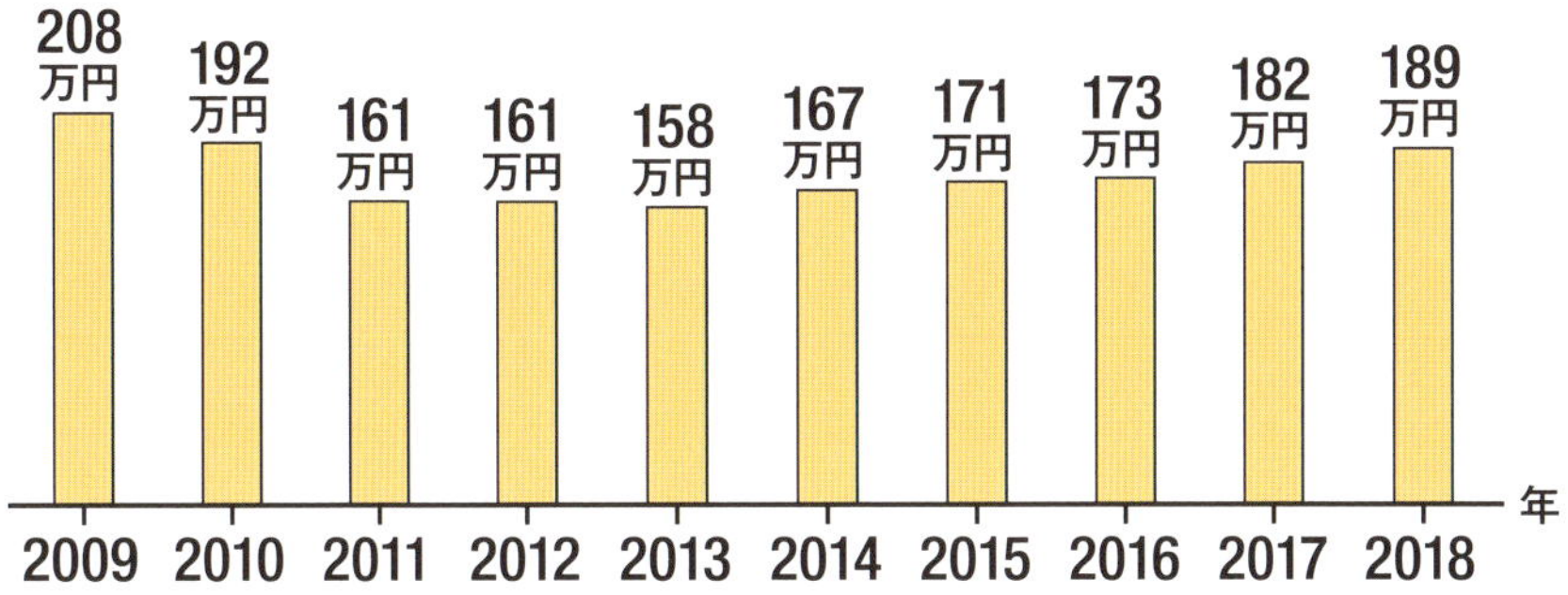

出典：平成30年地価公示関係データをもとに作成

建物の価値が下がるイメージ

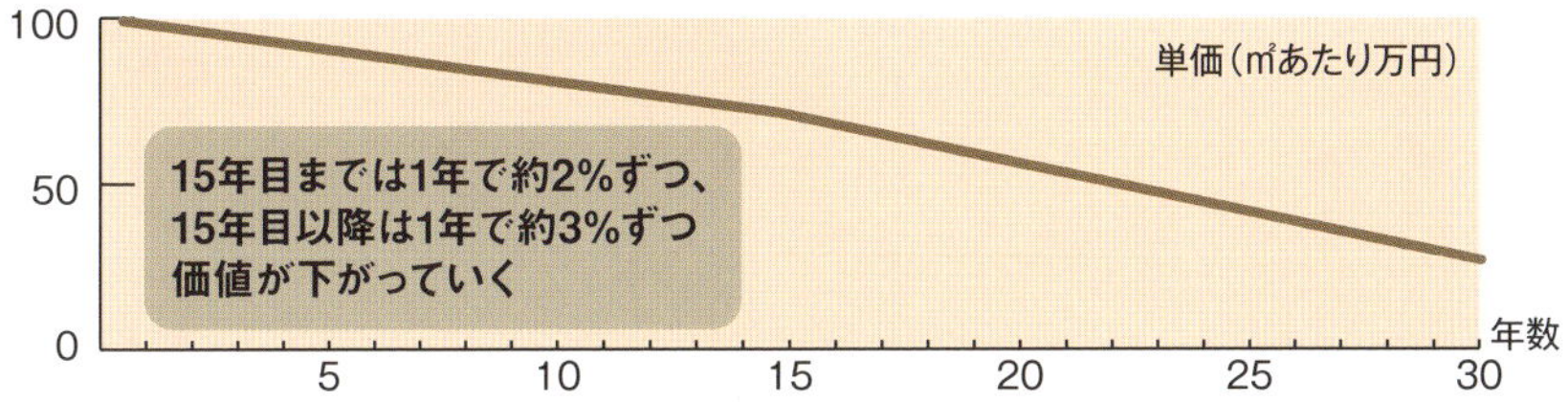

貸したときと売ったときに収入が発生する例

必要なお金は思ったよりも多くない

お金がなくても買える理由

不動産は、英語で「リアルエステート」といわれるように、「実体」のある資産です。そのため、一般的に銀行などに価値を審査してもらって、いざというときの担保にすることで、**ローンとして大きなお金を借りること**ができます。これにより、ローンを借りたあとに返済ができなくなってしまったときに、銀行は物件を代わりに売って、お金を回収することができるようになります。

ローンを借りられる金額は、物件やそれを買う人の状況、銀行などによって異なります。一般的な目安としては、**物件の購入価格の1～2割ほどは現金での支払いを求められますが、ローンは年収の5倍までが借りられる金額**だといわれています。年収が360万円の会社員が、1000～1500万円ほどのローンを借りることも、十分に可能です。

なお、諸費用やリフォームについても、銀行によっては専用のローンを用意しています。そのため、必要な資金をすべてローンでまかなえる場合もあります。しかし、ローンを借りる金額が大きすぎると、返済の負担が重くなるため、あまりおすすめはできません。

手持ち資金が200万円の例

ここでは、手持ち資金が200万円で、1000万円の物件を買う場合を例に挙げます。このとき、物件の価格以外に必要な「諸費用」が70万円かかると想定すると、物件自体を買う資金は130万円になります。そこで、銀行から870万円を借りると、全部で1000万円の物件を買えるようになります。

200万円で物件を買う例

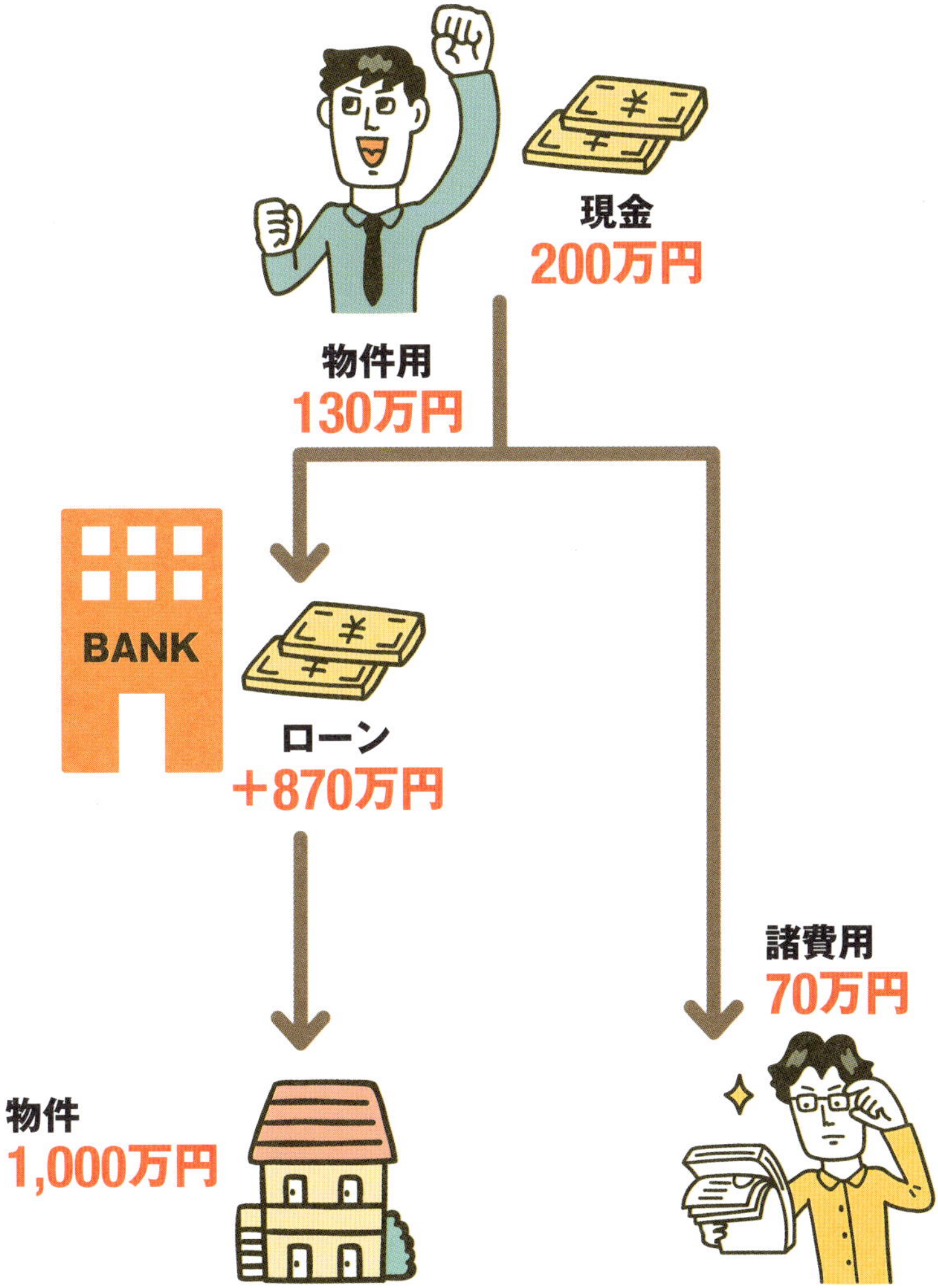

※諸費用とは、物件本体の価格以外に必要な費用の総称のこと

ローンで借りられる金額は、物件やそれを買う人、銀行などによって異なる

※物件価格と諸費用を含む全額をローンで借りられる場合もある
※審査の結果によっては、ローンが借りられない場合もある

不動産投資のお金をシミュレーションしよう

200万円で物件を買う例

引き続き、手持ちの資金が200万円の例で、その後のお金の流れをイメージしてみましょう。

この例では、1000万円の物件を買うために、銀行で870万円のローンを借りました。

ここでは、金利4％で20年間のローンを借りたとすると、月々のローンの返済額は約5万円になります。

一方で、物件を貸したときの家賃の収入は毎月8万円で、管理費やリフォームなどの費用が1カ月あたり1・5万円だったと仮定します。すると、年間の収支は15万円のプラスとなります。この物件を20年後に、700万円で売ったとします。すると、家賃の収入とあわせて、全体では795万円の利益になります。

この例では、初めの手持ち資金は200万円でした。**20年間で795万円が手元に残るということは、実に4倍近くになる計算になります。**

シミュレーションをしてみよう

不動産投資をシミュレーションするときには、**金額の大きなものから順に考えましょう。**

まずは、物件を買うときと売るときの金額です。これらは築年数をもとに物件自体の価格から計算します（第2章6節参照）。物件を買うときには、諸費用もあわせて計算しましょう（第4章7節参照）。

次に、物件を貸すときの家賃（第6章3節参照）と、月々のローンを返す金額（第4章9節参照）を計算します。月々のローンでは、無理なく返せる金額かを確認します。そして、定期的に必要な、リフォームの金額を試算します（第5章3節参照）。

不動産投資のお金の流れ

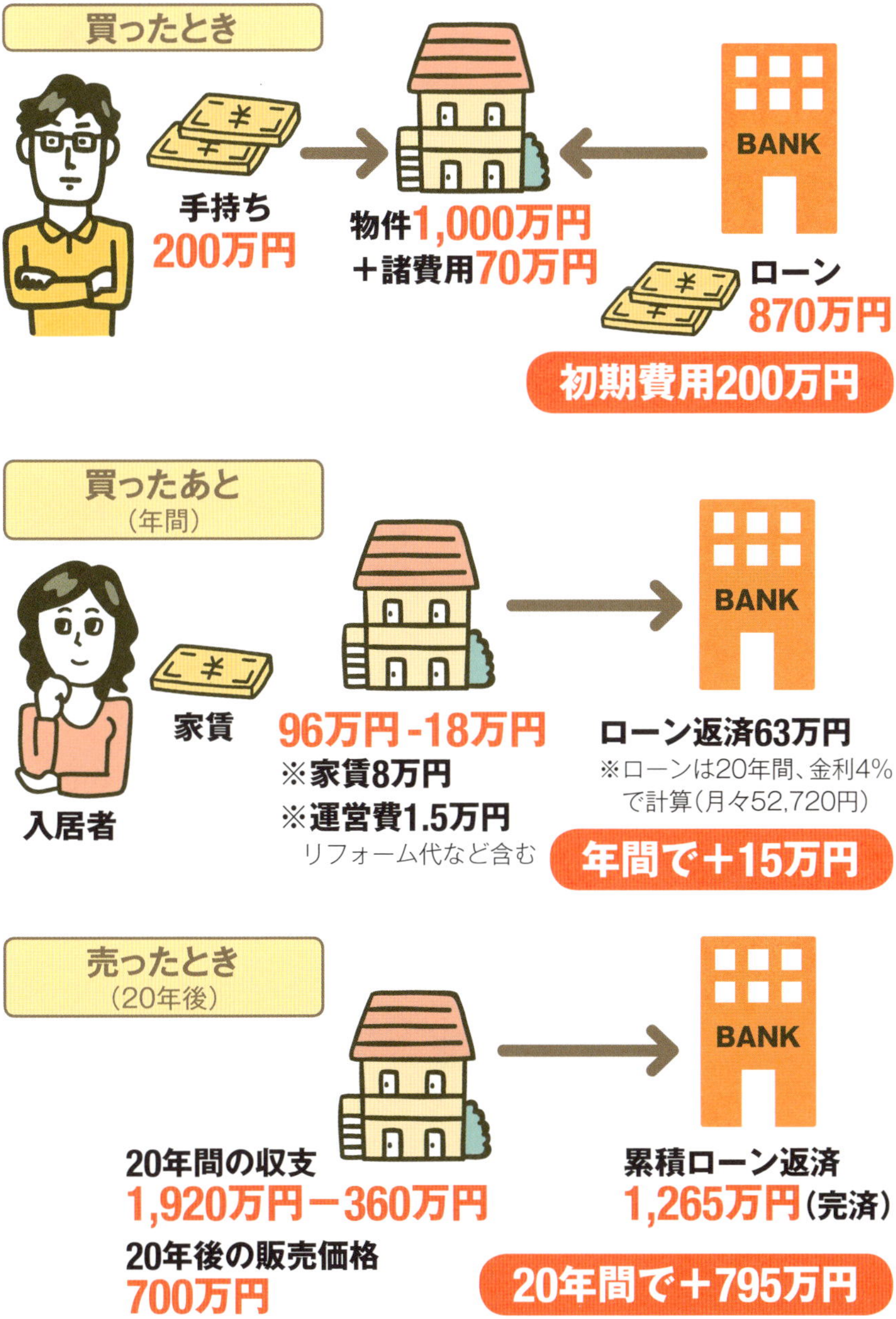

自分だけの資産を持とう

不動産は自分だけの資産

株式や為替などの資産は、会社や国などの信用で価値が決まる資産です。そのため、自分でその価値をコントロールするのは難しいです。

一方で、不動産は実体があり、資産のすべてを所有することができます。そこで、自らが経営者となって、部屋のデザインを自由に変えたり、家賃の金額を調整したりするなど、価値をコントロールできるのです。

また、不動産投資では、**経費を使って節税することも可能**です。不動産に関わる電話代や交通費、物件の情報収集のための打ち合わせ代や飲食費など、必要なものはすべて経費として認められます。

不動産投資は「不動産賃貸業」とも呼ばれるように、事業に近い投資です。「大家さん」という名の経営者になって、自分だけの資産を運用しましょう。

不動産投資は副業ではない

このように、不動産投資は会社経営に近いのですが、実際にはあまり手がかからないうえに、不動産が収入を生み出す仕組みのため、時間とお金に余裕が生まれます。

そのため、会社などの本業がある場合でも、安心して取り組めます。

なお、**会社としては、不動産投資を副業として禁止することはありません**。不動産投資は本業に支障が出るほどの時間をとられず、他社からの雇われにもならず、技術やノウハウの流出にもつながりにくいためです。

一方で、不動産投資や経営を経験することは、会社などの本業でも役に立つことでしょう。

不動産は自分だけの資産

**株式や為替では、価格が下がった場合に
自分の力では、何ともできない**

**一方で不動産投資では、「経営者」として
自分で価値を高めて家賃を上げることができる**

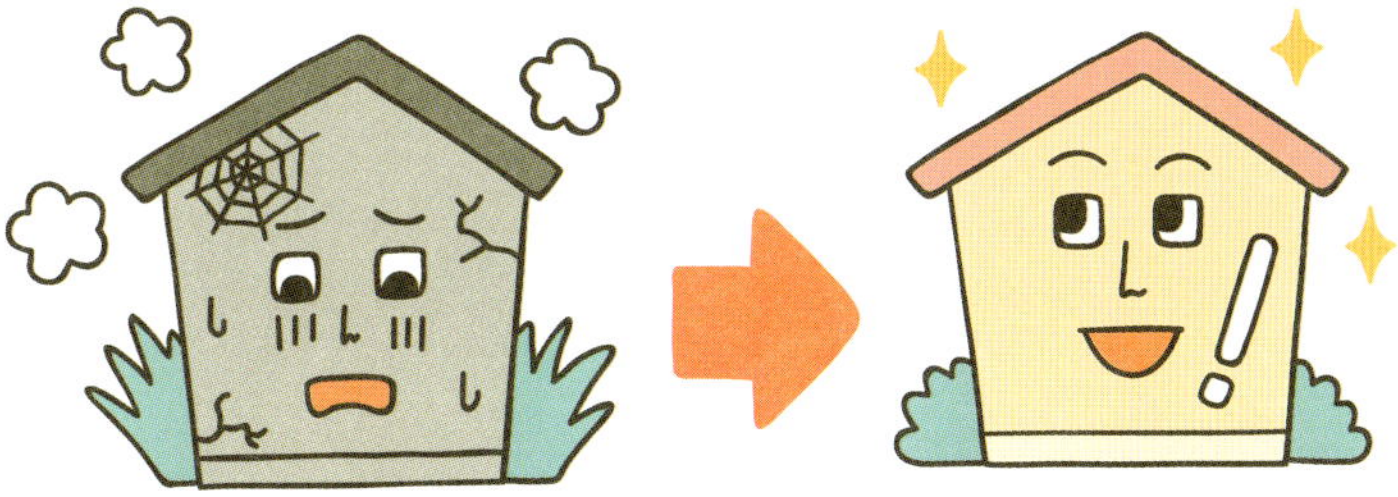

初心者でもプロになれる不動産投資

不動産投資はライバルが少ない

株式や為替などの投資では、常に相場に張りついて売買を行うプロのトレーダーが数多く存在しています。その中で、初心者が勝ち続けることは難しいです。

しかし、不動産投資では、**特定の地域に特化すれば、プロにも十分勝つことができます**。不動産は一つひとつの物件で条件が異なり、売り買いにある程度の手間がかかるため、すべての地域で物件を見極めることはプロにはできないのです。

知っている地域から始めよう

限られた地域では、プロと比べて初心者のほうが、その地域に詳しいことがあります。

たとえば、新しくショッピングセンターができて便利になり、近くの不動産の価格が上がりそうだ、などといった情報は、プロの不動産投資家よりも、地元の人たちのほうが先に知っている場合が多いです。

まずは、自分の地域を深く研究して詳しくなり、その地域のプロになりましょう。

不動産は、誰にでも買える

国内の不動産は、**基本的に誰でも買うことができます**。

もちろん、安定した収入が入る公務員や会社員は、銀行などのローンを借りやすく有利ではありますが、学生や個人事業主、フリーターであっても、不動産を購入することは可能です。

また、不動産投資は実績があるほど、ローンを借りやすくなります。そのため、まずは小さくても、実績を作ることが大切です。

初心者でもプロになれる

株式や為替では、プロが常に相場に張りついていて、
初心者が常に勝ち続けるのは難しい

不動産投資では、プロはそこまで多くはおらず、
自分の知っている地域では、初心者でもプロになれる

超ど素人がはじめる不動産投資［目次］

巻頭特集

不動産投資を始めよう！

不動産投資って難しいの？……2
不動産投資のもうひとつの収入……4
必要なお金は思ったよりも多くない……6
不動産投資のお金をシミュレーションしよう……8
自分だけの資産を持とう……10
初心者でもプロになれる不動産投資……12

はじめに……23

第1章

不動産投資で失敗しないために

今は「買いどき?」、それとも「売りどき?」……26
たくさんの種類の不動産……28

どんな不動産を選べば良いの？……30
不動産投資の戦略……32
不動産投資の流れ……34
不動産投資のリスクを知っておこう……36
不動産会社はどんな仕事をしているの？……38
不動産会社の見分け方……40
不動産会社との付き合い方……42
オイシイ話に気をつけよう……44
不動産のトラブルは誰に相談したら良いの？……46
コラム　不動産の3つの特徴……48

第2章

良い物件を探すためのコツ

物件を決めるまでの流れ……50
物件は誰が売っているの？……52
「良い地域」の選び方……54
「良い物件」を紹介してもらおう……56
物件の値段は誰が決めるの？……58
物件の価格を試算しよう……60
不動産投資の利益を計算しよう……62
コラム 建物の金額を試算する例……64

第3章

良い物件を見極めるコツ

「販売図面」を読み取ろう……66
「間取図」から建物を想像しよう❶……68
「間取図」から建物を想像しよう❷……70
土地や建物の制限を知ろう❶……72
土地や建物の制限を知ろう❷……74
土地や建物の制限を知ろう❸……76
近くの人との取り決めを知ろう……78
建物の造りを知ろう……80
入居者の見分け方……82
現地の見学で見るべきポイント……84
中古物件は、ここに注意!……86
コラム 建物を建てるときの流れ……88

第4章

物件を買う「契約」と「ローン」

物件を決めてから買うまでの流れ……90
物件を買う意思を伝えよう……92
「重要な情報」を確認しよう……94
土地や建物の権利を見よう……96
物件を買う契約をしよう……98
契約を解約するときの条件を決めよう……100
物件以外にかかるお金を知っておこう……102
ローンの仕組み……104
ローンはいくら借りられるのか?……106
ローンの審査では何を見られるの?……108
ローンの種類を選ぼう……110
ローンを借りる契約をしよう……112

引き渡し後の不具合の対応……114
万一に備えて保険に入ろう……116
コラム 家族の理解を得ておこう……118

第5章 物件の「リフォーム」と「管理」

物件を買ったあとはどうするの？……120
リフォームは何をするの？……122
リフォーム会社の探し方……124
リフォームの契約……126
管理会社がやってくれること……128
コラム 建物を調査してもらおう……130

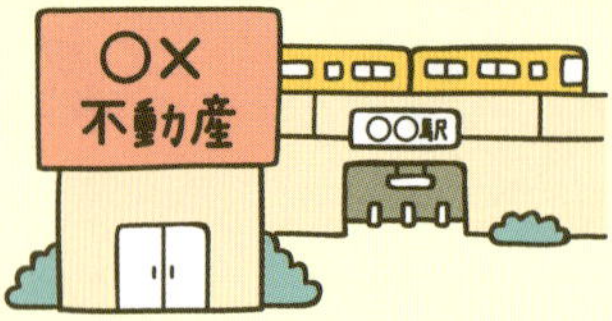

第6章

物件を貸すとき、売るとき

物件を貸すときの流れ 132
物件を貸すときの不動産会社との契約 134
家賃はどうやって決めれば良いの？ 136
物件を貸すときの契約に必要なもの 138
物件を売るときの流れ 140
物件を売るときの不動産会社との契約 142
できるだけ「早く」「高く」売るコツは？ 144
不動産活用❶ シェアハウス 146
不動産活用❷ 民泊 148
コラム コンセプトビルという不動産活用 150

第7章 不動産投資の「お金」と「仲間」

ローンを返そう …… 152
どうして不動産は節税がしやすいのか？ …… 154
会計のプロに相談しよう …… 156
不動産投資の仲間を作ろう …… 158
次の物件の準備をしよう …… 160

おわりに …… 162
索引 …… 163

不動産投資の全体の流れ

不動産投資の概要を知る 巻頭特集 第1章

❶買う

- 物件を探す 第2章
- 物件を見極める 第3章
- 物件を買う契約をする 第4章
- (ローンを探す) 第4章

❷運用する

- (リフォーム) 第5章
- (管理) 第5章
- (賃貸) 第6章

❸売る

- 会社を探す 第6章
- 買い手を探す 第6章
- 物件を売る契約をする
- (ローンを返す) 第6章

(お金を管理する) ローンを返済する　節税する 第7章

(仲間を探す) 第7章

※建物を建てる流れは第3章コラム参照
※相続する、解体する流れは割愛

はじめに

不動産投資と聞くと、お金持ちやプロが行うイメージがあるかもしれません。また、不動産はとっつきづらく、専門的で難しい印象を受ける人もいるでしょう。

不動産は大きな買い物です。そして、価格の大きさに伴って、さまざまなリスクがあります。失敗の多くは、知識のない中でだまされてしまったり、検討が足りなかったりすることで、割に合わない物件を買ってしまっていることが原因です。リスクを下げて利益を上げるためには、ある程度の知識が必要です。自分で勉強して、決断をしていくことが大切です。

本書は、不動産投資に興味を持った初心者の方が、1冊目として読む本を目指しています。同時に、資産性を考えながらマイホームを買いたい方にも、読んでほしい本です。

本書では、初心者の方でも読みやすいように、テーマごとに図解を入れて、見開きで見られるようにしています。また、カラーのイラストを入れ、専門用語をできるだけ少なくしています。

不動産投資全体の大きな流れを意識して、中立な立場で、基礎的な知識を身につけましょう。

不動産は一つひとつが異なっていて、同じものが二つとありません。だからこそ、不動産投資は魅力的です。ぜひ、自分に合った物件を見つけて、自分にしかできない不動産投資を実現しましょう。

本書がその一歩を踏み出すきっかけになれば幸いです。

CHAPTER 1

第1章

不動産投資で失敗しないために

01 今は「買いどき？」、それとも「売りどき？」

市況は、あまり参考にならない

市場では需要と供給のバランスによって価格が決定しています。不動産の市場でも同様に、主に景気の動向や政策金利、政府の規制、事件や出来事などが需要や供給を動かし、価格を決定しています。

しかし、不動産は日用品などとは異なり、まったく同じ商品は一つとして存在せず、定価もありません。そのため、不動産の市場では価格の決定は、必ずしも一般的な市場の原理にはあてはまらないのです。

個人の影響が大きい不動産市場

不動産の売り買いを決断する理由としては、「買いどきだから」、「売りどきだから」といった**市況よりも、むしろ個人の事情による影響が大きい**です。不動産を売ったり買ったりする必要が出てくるのは、転勤や引っ越しなどの個人的な都合や、一緒に住む家族の人数の変化などが理由なのです。

また、不動産は**買い手と売り手の、お互いの納得する金額によって取引が成立しています**。そのため、不動産の価格は高くも安くもなり得ます。

売り手によっては「時間をかけてでも高く売りたい」という人がいる一方で、個人的な事情があり、「時間をかけずにとにかく売りたい」という人もいるのです。

そのため、不動産の市場では、**自分が買いたいと思ったときが買いどきで、自分が売りたいと思ったときが売りどき**といわれています。市況はあくまでも目安です。目の前の物件を見て、自分が本当に買いたいと思えるのか、売りたいと思えるのかというのが大切です。

不動産の市況はあまり関係ない

不動産は、市況よりも個人的な事情で売買されることが多い

買う人と売る人それぞれの事情を踏まえて
お互いに納得する金額で取引されている

Point

不動産の売り買いは、市況よりも個人的な事情で取引が成立していることが多い

02 たくさんの種類の不動産

不動産の種類はたくさんある

不動産は、国内でも海外でも、土地のあるところには、あらゆる場所に存在しています。中でも国内では、土地は23の地目という項目で分類されていて、国土の面積のうち、森林が66％、農地が12％、次いで宅地が5％で占められています。

国内での不動産投資で対象となるのは、主にこの宅地と呼ばれる範囲の不動産です。また、宅地に建てられる建物は、住居や店舗、寄宿舎、共同住宅、事務所、旅館、料理店、工場、倉庫、車庫などに分けられています。

初心者向けの不動産の種類

不動産にはさまざまな種類がありますが、個人が始めやすい不動産投資の対象は、**マンションや一戸建て、アパート**などです。これらの不動産は、市場に多く出回っている種類のため、売り買いがスムーズにしやすく、銀行などからのローンも借りやすい傾向にあります。

また、土地から購入して建てるよりも、**新築や中古としてすでに建って売られている物件を買うほうが始めやすい**です。

プロ向けの不動産投資の種類

一方でプロの投資家には、近年は土地を駐車場にする投資や、太陽光パネルを設置する投資、米国やアジアを中心とした海外不動産への投資、不動産を証券化したＲＥＩＴ（リート）なども人気です。

また、旅館や民泊、シェアハウスのように、物件を新しく建築したり、物件の用途を変更したりする投資も注目を集めています。

不動産の種類はさまざま

世の中には、国内外問わず、さまざまな不動産がある

海外不動産

国内不動産

森林、農地、道路など

宅地

Point

初心者が始めやすい不動産投資は国内のマンション、一戸建て、アパートなど

03

どんな不動産を選べば良いの？

自分にあった不動産を選ぼう

不動産は、世界中のさまざまな場所に、異なる物件が存在しています。そのため、物件を探すときには、自分の希望の条件を整理して、物件を絞り込んでいく必要があります。**不動産を探すときの条件には、それぞれに良い点と悪い点が同時に存在しています。**たとえば、都心や駅から近い物件は、入居の希望者が集まりやすく、家賃が高くなるため魅力的ですが、一方で買うときの金額も高くなってしまう、などです。

建物の種類による違い

建物の種類によっても、それぞれ良い点と悪い点があります。

たとえば同じ建物でも、1部屋のみを買う場合は部屋の中だけのため管理が楽ですが、その分毎月、管理費などの出費が発生します。一方で、1棟を丸ごと買う場合には、家賃などの収入は高くなりますが、管理の手間がかかります。

建物の状態による違い

建物は、新築と中古に分かれます。新築は管理が楽ですが、買うときの金額は高めです。また、新築の中でも自分で新たに建てる場合は、自由に設計ができますが、工事の手間と時間がかかります。一方で、中古ですでに入居者がいる場合には、すぐに家賃が入り、募集の手間がかかりません。しかし、買うときに部屋の中を見ることができず、内装がわからないことからリフォームの負担が増える恐れがあります。

それぞれの良い点と悪い点を踏まえて、自分の希望する条件を明確にしていきましょう。

希望の条件の良い点と悪い点

不動産を買うときの条件は、それぞれに良い点と悪い点がある

条件		良い点							悪い点						
		安く買える	安く運用できる	高く貸せる	高く売れる	貸しやすい・売りやすい	手間がかからない	好みを反映できる	安く買えない	安く運用できない	高く貸せない	高く売れない	貸しづらい・売りづらい	手間がかかる	好みを反映できない
場所	都心駅近		●	●	●	●	●		●						
	or 郊外	●								●	●	●	●	●	
種類	1棟		●	●	●			●	●				●	●	
	or 1部屋	●				●	●			●	●	●			●
状態	新築		●	●	●	●	●		●						●
	or 中古	●						●		●	●	●	●	●	
	建て売り						●								●
	or 注文住宅							●						●	
	空室				●			●	●	●			●	●	
	or 入居済み	●	●			●	●					●			●

Point

条件には良い点と悪い点があるため、自分に合った条件を選ぶことが大切

04 不動産投資の戦略

安く買って高く売るのが基本

商売をするときに、利益を出すための基本的な戦略は、いかに安く買って安く運用するか、そしていかに高く売ることができるかです。

不動産投資も同様に、購入時に、**どれだけ安く買って運用ができるか、そしてどれだけ高く貸して、売ることができるかが重要**です。

安く買い、安く運用する戦略

不動産を安く買うための戦略は、とにかく安くなりやすい条件で探すことです。郊外や1部屋の物件、中古物件、すでに入居者がいる物件などを優先して探す方法や、売れ残りや競売のような、特殊な物件をあえて探す方法もあります。

また、新築マンションの抽選会などで、割安で人気の物件に応募し、当選をねらうという方法もあります。

他にも、安く運用するためには、業者に任せずに、自分で管理やリフォームを行うのもおすすめです。

また、相続税や所得税などを節税する方法もあります。詳しくは会計のプロに相談しましょう。

高く貸し、高く売る戦略

一方で、高く貸したり、売ったりするためには、値上がりを見込める物件を探す方法や、物件に新しいコンセプトをつけたり、リフォームや建て替え、旅館や民泊、シェアハウスなどへの使用用途の変更を行ったりして、物件自体に価値をつける方法があります。

自分の性格や得意なやり方から、自分に合った投資戦略を立てましょう。また、定期的に戦略を見直すことも大切です。

不動産投資の戦略

不動産投資の基本は、安く買って運営し、高く貸して売ること

❶ 安く買う ▶ ❷ 安く運用する ▶ ❸ 高く貸す ▶ ❹ 高く売る

＋

❺節税する

投資戦略	実現方法
安く買う	•安くなりやすい条件をねらう（郊外、1部屋、中古など） •特殊な条件をねらう（借地権、旧耐震基準、再建築不可、任意売却、売れ残り物件、競売など） •抽選をねらう（新築のマンションの抽選会など）
安く運用する	•業者に依頼しない（自分でリフォームを行うなど） •金利を抑える（現金での購入、金利の低いローン、繰上返済など）
高く貸す 高く売る	•値上がりを見込む（再開発、法改正など） •価値を高める（リフォーム、建て替えなど） •使用する用途を変える（旅館、民泊、シェアハウス、駐車場など）
節税する	•相続税を減らす（都心のタワーマンションなど） •所得税などを減らす（新築の木造アパートなど） •法人化する

Point

安く買って高く売るのが投資の基本
自分に合った投資の戦略を立てよう

05 不動産投資の流れ

不動産投資の流れ

不動産投資の流れは、不動産を買う、運用する、売る、の大きく3つに分けられます。

不動産を買うときには、対象となる物件を探して、必要に応じてローンを借りて、物件を買うための契約を結びます。

また、買った不動産を運用するときには、必要に応じて管理やリフォーム、賃貸を行います。

一方、不動産を売るときには、不動産を売りに出して、買いたい人を探して、物件を売るための契約を結びます。

なお、**それぞれの段階で専門の不動産会社に依頼をして、協力してもらうことが**一般的です。

本書での紹介の位置付け

本書では、巻頭特集と第1章で不動産投資の概要を、物件を買うときの流れを第2章から第4章、運用については第5章と第6章、売るときについては第6章で扱います。また、それぞれの段階で、お金の管理や仲間探しも重要になりますので、第7章で扱います。

不動産とローンの関係

不動産を買うときは、大きなお金が必要になるため、多くの場合は、銀行などからローンを借ります。**ローンは不動産を買うときに、物件の契約と並行して探して、審査をしてもらったあとに契約します。**

また、ローンは基本的に毎月決まった日付に返済を行います。なお、自分が不動産を売るときには、その不動産を買うために借りたローンはすべて返済しなければなりません。

不動産投資の全体の流れ

不動産投資の概要を知る 巻頭特集 第1章

❶買う

- 物件を探す 第2章
- 物件を見極める 第3章

▼

- 物件を買う契約をする 第4章
- （ローンを探す） 第4章

❷運用する

- （リフォーム） 第5章

▼

- （管理） 第5章

▼

- （賃貸） 第6章

❸売る

- 会社を探す 第6章

▼

- 買い手を探す 第6章

▼

- 物件を売る契約をする
- （ローンを返す） 第6章

（お金を管理する） ローンを返済する　節税する 第7章

（仲間を探す） 第7章

※建物を建てる流れは第3章コラム参照
※相続する、解体する流れは割愛

Point

**不動産投資の全体の流れをとらえて
それぞれの項目を理解していこう**

06

不動産投資のリスクを知っておこう

不動産投資のリスクを知ろう

不動産は金額が大きく、人生でそう何度も買うものではありません。また、一度買うと、返品したり、買い替えたりすることは難しいです。

そのため、不動産を買うときに失敗しないために、**想定されるリスクを事前に知っておき、対策を練っておく必要があります**。

不動産投資のリスクの種類

不動産投資のリスクには、入居者や建物に関するものと、市場に関するものがあります。

入居者のリスクでは、空室が続く、事件が起きる、家賃が支払われないなどです。

また、建物には欠陥や修繕が発生する、地震や火事、水害や地盤などの災害が起こるリスクがあります。

他にも、市場の影響で金利が高くなり、ローンの支払額が大きくなることや、不動産の価値が下がることも起こり得るリスクです。

リスク対策を考えるタイミング

それぞれのリスクは完全になくせませんが、事前に対策を練っておくことはできます。**事前に防げるものは事前に対策を、事前に防げないことについては、保険などで対応をします。**

物件を選ぶときにはきちんと調査する（第2章と第3章参照）、ローンを探すときには金利の種類を選ぶ（第4章参照）、買ったあとには保険に加入し、管理やリフォームをすること（第5章参照）が重要です。

どのようなリスクがあるのかを知って、それぞれの段階で、どのようにリスクに備えるのかを検討しましょう。

不動産投資のリスクと対策

不動産は大きな買い物のため、多くのリスクがある

分類	主なリスク	対策を検討するタイミング 物件探し	現地見学	ローン探し	契約	管理	リフォーム	保険
入居者	空室	●	●			●	●	
	近隣とのトラブル	●	●			●	●	
	家賃の滞納	●	●			●		●
	事件（殺人、自殺など）	●	●		●	●		
建物	欠陥・修繕	●	●		●	●	●	●
	災害（地震・火事・水害・地盤沈下など）	●	●				●	●
市場	金利の上昇			●				
	不動産価値の低下	●	●			●	●	
	人口の減少	●						

Point

リスクの大部分は事前に防げる
リスクを踏まえて対策を練ろう

07 不動産会社はどんな仕事をしているの？

不動産を取り巻く仕事

不動産は、土地と建物があり、土地の上に建物を新築したり、解体したりを繰り返しています。また、土地や建物は売買や賃貸をされています。そうしたさまざまな流れの中で、さまざまな専門の会社が協力をし合っています。

新たに建物を建てるときには、設計や建築を行う会社が、売買や賃貸を行うときには、それを仲介する会社や、その価値が妥当なのかを調査や鑑定する会社などがあります。

不動産会社のビジネスモデル

不動産会社のビジネスモデルは、大きく3つに分かれます。

1つ目は、自社で商品を作って売ることで、利益を得るモデルです。主に新築のマンションや一戸建てを販売している会社に多いです。

2つ目は、自社では商品は作らないものの、誰かの商品を紹介することで、仲介手数料をもらうモデルです。仲介会社と呼ばれるこれらの会社は、さまざまな物件を取り扱っています。この場合は、仲介が成立したときに初めて、あらかじめ決められた仲介手数料が支払われます。

3つ目は、誰かの物件を調査したり、管理したり、工事したりするモデルです。どのくらいの人数と時間が必要かを事前に見積もり、工賃として計算された人件費をもとに、報酬をもらいます。

このように、不動産会社は、さまざまなビジネスモデルで事業を行っています。**それぞれ専門の分野の仕事を分担したり、自社の他部門と連携をしたりしながら、それぞれの事業を展開しています。**

不動産会社の種類

不動産の状態

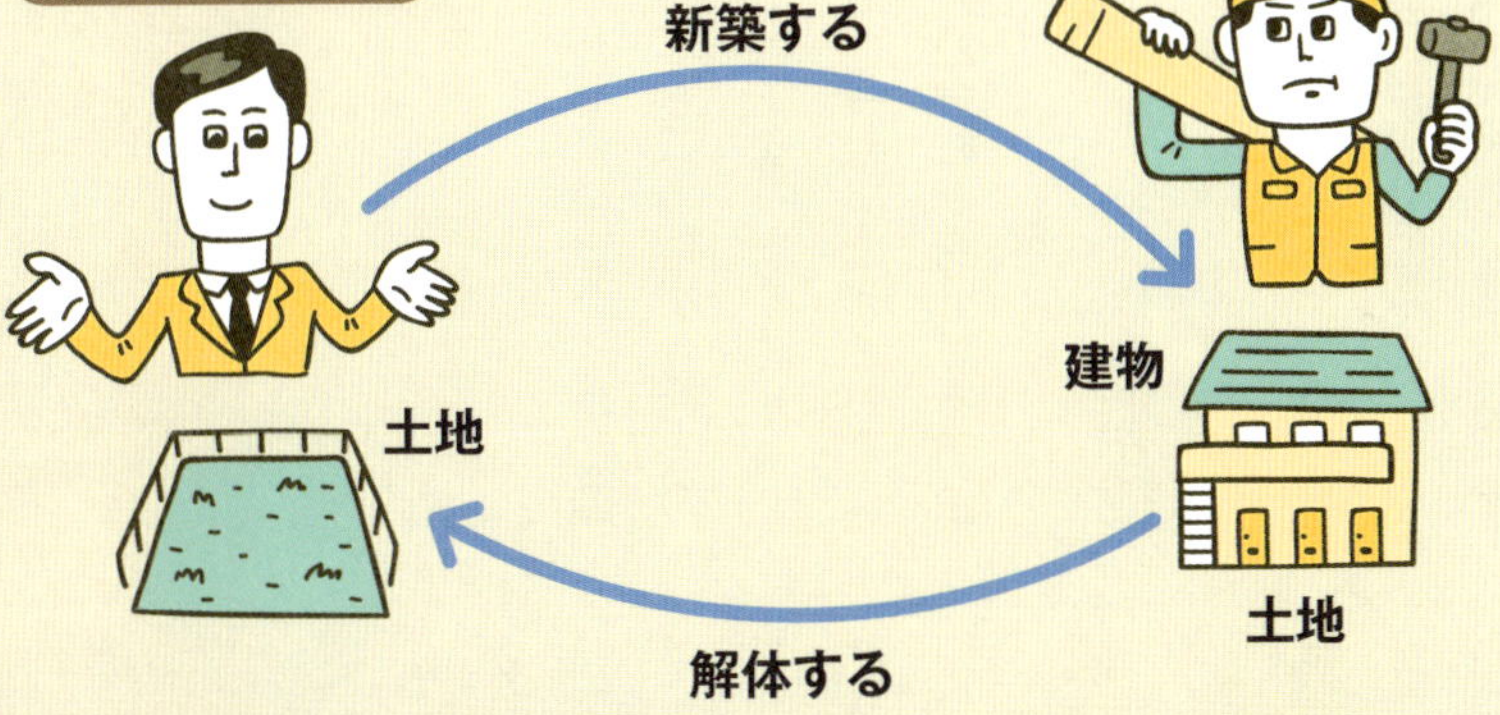

主な不動産会社の種類

会社の種類	ビジネスモデル	主な不動産の種類	代表的な会社
開発（新築）	売上げ	一戸建て	大和ハウス工業／飯田グループホールディングス／積水ハウス
		マンション	住友不動産／野村不動産／三井不動産
流通（仲介）	仲介手数料（紹介料）	売買仲介	三井不動産／住友不動産／東急不動産／オープンハウス
		賃貸仲介	大東建託グループ／ミニミニグループ
建築施工	工賃（人件費）	商業ビル マンション	大林組／鹿島／大成建設
リフォーム		一戸建て マンション	積水ハウス／大和ハウス工業／住友不動産
管理		一戸建て マンション アパート	大東建託グループ／積水ハウスグループ／レオパレス21／日本ハウズイング
調査鑑定		一戸建て マンション アパート	日本不動産研究所／大和不動産鑑定／さくら事務所

Point

不動産業界では、たくさんの仕事をそれぞれ専門の会社が分担している

08 不動産会社の見分け方

不動産会社を見分けよう

不動産は、初心者にとっては知識の少ない状態でも、不動産会社とのやりとりが必要になります。

そこで、悪い会社にだまされないために、不動産会社を見分ける方法を紹介します。

まずは、担当者または社員が資格を持っているのか、仲介会社の場合には免許が掲示されているかを確認します。免許には更新回数が記載されていて、数字が大きい場合は、それだけ長く経営していることを表しているので、信頼できる会社だとわかります。

また、行政の業者名簿などを見て、悪い情報がないかを確認します。インターネット上でも情報が公開されています。会社名で検索して口コミを見るのも有効です。

担当者の接客の様子を見よう

不動産会社の担当者の良し悪しは、接客の様子で見分けましょう。身だしなみや言葉づかいに問題がないか、マナーや時間を守っているか、専門的な知識があるか、親身に話を聞いて要望通りに提案をしてくれるかを見ましょう。特に、悪い点も話してくれるか、ごまかしたりあいまいにしたりしないかは大切なポイントです。

不動産会社が利益を得るのは契約が成立したときです。そのため、購入の判断を急がせてきたり、無理に契約をさせようとしてきたりする営業には注意が必要です。

「ここまでやってくれたから」など遠慮せずに、**信用できないと感じた場合には、はっきりと断りましょう。**

不動産会社の見分け方

不動産に関する主な資格

種類	資格名	資格の内容
国家資格	建築士（1級、2級、木造）	建築物の設計および工事監理
	宅地建物取引士	仲介に必要な重要事項説明
	不動産鑑定士	不動産の鑑定
	マンション管理士	マンション管理に関する業務や助言
	管理業務主任者	・受託契約の重要事項の説明 ・マンション管理のマネジメント
	土地家屋調査士	不動産登記の申請を一部代理
民間資格	ホームインスペクター	中古物件の住宅診断
	不動産仲介士	不動産仲介の担当者
	マンション管理員	マンション管理全般の知識
	賃貸不動産経営管理士	賃貸不動産の経営全般の知識

不動産会社を見分けるポイント

確認点	見分けるポイント
有資格者	仲介会社の場合は宅地建物取引士の資格保有者が、従業員の少なくとも5人に1人がいる決まり
免許の表示 （店内の壁、販売図面など）	仲介会社の場合は宅地建物取引業者票の掲示がされていない場合は違法 ※免許の更新回数の数字が大きいほど、長く営業しているため信頼できる可能性が高い
業界団体への加入状況 （店舗の扉のシールなど）	業界団体に入るには一定の審査があり、不正をすると脱退するものとなっている
各都道府県の業者名簿	過去の財務内容が問題ないか、行政処分の履歴がないか、直近での商号や役員の変更履歴がないか
ネガティブ情報等検索システム	http://www.mlit.go.jp/nega-inf/ （国土交通省が公開）
企業の信用調査データ	https://www.tdb.co.jp/（帝国データバンクが公開）

Point

会社の状況や、担当者の接客の様子から安心できる会社や担当者を見つけよう

09 不動産会社との付き合い方

不動産会社もお客さんを選ぶ

不動産会社もやはり会社ですので、お客さんに優先順位をつけて接客をしてきます。営業担当は、売上げの数字が目標で、それに連動して給料を得ている場合が多いです。特に、仲介をビジネスモデルとしている不動産会社は、契約が成立して初めて手数料をもらうことができるので、より契約する可能性が高いお客さんを選んでいます。

そのため、**物件を売りたいときには、実際にその物件が買えそうな人から、優先順位をつけて物件を紹介していく**ことでしょう。よくわからない人や、無理なことばかりをいう人に振りまわされるよりも、買えそうな人に、効率よく営業をしていきたいのです。

優先順位の高いお客さんになろう

そこで、できるかぎり良い物件を紹介してもらうためには、まずは**自分の情報を開示することが大切**です。自分の希望する条件はもちろん、自分の年齢や家族構成、勤務先、勤続年数、年収、手持ちの資産などを事前に伝えておきましょう。

日ごろのやりとりを大切に

また、基本的なことですが、**日ごろのやりとりを丁寧にすることも心がけたいものです**。不動産会社からは、たくさんの連絡がきます。物件を提案してもらったときには、どこが希望の通りで、どこが希望とは違うのかなど、きちんと返事をするようにしましょう。

そうすることで、自分に合った物件を、早いタイミングで教えてもらえるようになるでしょう。

不動産会社もお客さんを選んでいる

希望する条件の伝え方

提案に対して好感のある連絡の返し方

早く返事をする	提案に対して お礼を伝える	希望する条件を 詳細に伝える

Point

不動産会社に優先順位を上げてもらって
より良い情報を、もらえるようにしよう

10 オイシイ話に気をつけよう

失敗例を知っておこう

不動産投資で失敗しないためには、**失敗例を知っておき、同じ失敗をしないように気をつけること**が大切です。

ここでは、近年実際にあった、不動産投資の失敗例を紹介します。

新築のマンションで節税？

会社員の方は、職場に不動産投資の営業の電話がかかってきたことがあるかもしれません。主に新築のマンションのワンルーム投資で、節税をしようという勧誘です。

実際には、相場よりも高い物件を買わされたうえに、貸そうと思っても、想定されていた家賃では甘すぎて入居者が入らず、大きな損失を被ることが多いようです。

家賃が保証されたアパート？

もうひとつは、新築のアパートの家賃保証についてです。アパートを建てると、その後は不動産会社が一定の家賃で丸々借りてくれるというものです。

こういった保証の仕組み自体は悪くないのですが、契約の内容をよく読むと、数年後に金額を見直す規定になっており、当初説明された家賃がもらえず、さらにリフォームを強制されて出費がかさむといった問題が発生しています。よくよく調べてみると、新築したときの建築の費用自体も、相場よりも高かったという場合もあるようです。

いずれも、失敗の原因は**相手のいうことを「儲かりそう」と、そのまま鵜呑《うの》みにしてしまうこと**です。自分でも実際に、相場や契約の内容をしっかり確認しましょう。

オイシイ話の例

例1：新築のワンルームマンションで節税できる？

オイシイ話	実際
赤字の不動産を持つことで節税ができます	必要以上の赤字で大きな損失を被ってしまう

例2：新築のアパートの家賃が長年、保証される？

オイシイ話	実際
長い期間、家賃を保証します	数年後に見直しが入り、家賃が保証されない

目の前

- 儲かりそう

実際は…

- 家賃の想定が甘い
- 売られている物件自体が相場よりも高い
- かかる諸費用が提示されていない
- 数年後に見直しがされる契約になっている
- 追加でリフォームの費用がかかる

Point

契約する場合はリスクを踏まえたうえで自分で相場や実態を確認すること

11 不動産のトラブルは誰に相談したら良いの？

トラブルは専門家に相談しよう

不動産のトラブルに巻き込まれた場合には、**一人で抱え込まずに、専門家に相談しましょう**。不動産に関する相談は、さまざまな窓口が用意されており、相談を受けつけてもらえます。

まずは、押し売りなどで一方的な契約をさせられてしまった場合です。この場合は、一定の条件を満たせば、クーリングオフ制度が利用できます。クーリングオフ制度が適用できるのは、事務所や自宅、勤務先以外の場所での契約で、契約から7日間以内、代金の全額を支払っていない場合です。通常ははがきで契約解除の申し入れをしますが、受け入れてもらえない場合には、消費者生活センターや国民生活センターでも相談にのってもらえます。これらのセンターでは、悪徳商法の被害や苦情の相談も受けつけています。

他にも、不動産の取引については、全国の業界団体が、新築やリフォームでのトラブルには、住まいるダイヤル（住宅リフォーム紛争処理支援センター）が、専門的な相談にのってくれます。

また、法的な相談に関しては、法テラス（日本司法支援センター）でも無料で相談ができます。必要に応じて、弁護士などを紹介してもらえます。

トラブルは未然に防ごう

日ごろから、こういったトラブルに巻き込まれないために、きちんとした知識を身につけられるように、心がけましょう。また、**あやしいと思った場合には、いつでも、すぐに断ること**が大切です。

不動産のトラブルの相談先

不動産に関するトラブルの相談先

相談内容	相談先
• 悪徳商法による被害や苦情 • クーリングオフ制度の相談	• 消費者生活センター • 国民生活センター
不動産取引、賃貸での相談	不動産相談窓口（東京都都市整備局など）
• 評価住宅または保険付き住宅に関するトラブルの相談 • リフォームに関するトラブルの相談	住まいるダイヤル（住宅リフォーム紛争処理支援センター）
あらゆる法的な相談	法テラス（日本司法支援センター）
広告の表示内容の虚偽	不動産公正取引協議会連合会
不動産取引での会社とのトラブル	• 公益社団法人全国宅地建物取引業協会連合会 • 一般社団法人不動産流通経営協会 • 公益社団法人全日本不動産協会 • 一般社団法人全国住宅産業協会 • 公益財団法人不動産流通推進センター
詐欺、脅迫など	警察

クーリングオフの通知はがきの記載例

通知書

次の契約を解除します。

契約年月日　2019年1月21日
商品名　かもめマンション
契約金額　7,400万円
買取業者　株式会社オシウリ不動産
担当者　押売 太郎

2019年1月21日

埼玉県さいたま市南区かもめ1-1-1
氏名　かもめ 太郎

• クーリングオフの条件

❶事務所や自宅、勤務先以外の場所での契約

❷契約から7日間以内

❸代金の全額を払っていない

Point

トラブルに巻き込まれてしまったら
一人で抱え込まず専門家に相談しよう

COLUMN

不動産の3つの特徴

❶不動産は実体がある資産

実体があるので…

不動産投資ならではのメリットがある！

- 貸すことができる ➡ 家賃収入が得られる
- 売ることができる ➡ 売却収入が得られる
- 銀行などが評価できる ➡ ローンが借りられる
- 諸費用が発生する ➡ 節税ができる

❷不動産にはたくさんの種類がある

たくさんの種類があるので…

自分に合った方法で活用できる！

- 安く買う、安く運用する
- 高く貸す、高く売る
- 手間をかけない
- 自分の好みを反映する

一方で

❸不動産は高い商品

不動産は高い商品なので…

まずは不動産の知識を身につけて
それぞれの段階で、リスクの対策をしよう！
(物件探し、物件選び、ローン探し、契約、管理、リフォーム、保険)

CHAPTER 2

第2章

良い物件を探すためのコツ

01 物件を決めるまでの流れ

まずは不動産会社に問い合わせる

物件の情報は、インターネットや雑誌、新聞、チラシなど、さまざまな媒体に掲載されています。まずは、**日ごろから情報収集をして、気になる物件を探してみましょう。**

そして、気になる物件が見つかったら、インターネットや電話で問い合わせをしてみましょう。その物件を取り扱う不動産会社から、メールやFAX、郵送などで、より詳細な資料を送ってもらえます。また、希望する条件を伝えると、他の物件も紹介してもらえます。

物件を実際に見学する

興味のある物件が見つかったら、今度は実際に見学をしてみましょう。見学の問い合わせをすると、不動産会社は現地で物件を案内してくれます。

なお、その前後で、その不動産会社の店舗や、近くのカフェなどに立ち寄ることがあります。そこで、営業担当に希望の条件を伝えると、他の物件も紹介してくれる場合があります。その中からも絞り込んで、物件を選んでいきます。

物件を調べて買う意思を伝える

ある程度まで候補が絞れたら、**物件が高いか安いかを見極めるために、周辺の相場を調べて、シミュレーションを行います。**また、さらに詳細な資料を請求して、重要な情報を教えてもらいます。その物件が自分の希望する条件を満たしている場合には、物件を買う意思を伝えて、実際に買うための手続きに入ります。

実際に不動産を買うまでは、一般的には1~3カ月ほどがかかります。

買う物件を決める流れ

不動産投資の概要を知る 巻頭特集 第1章

❶買う

物件を探す 第2章
物件を見極める 第3章

▼

物件を買う契約をする 第4章
（ローンを探す） 第4章

- 地域を選ぶ
- ↓
- 物件を見極める
- ↓
- 会社に問い合わせる
- ↓
- お金の試算をする／図面を確認する
- ↓
- 現地を見学する
- ↓
- 物件を買う意思を伝える

（お金を管理する） ローンを返済する　節税する 第7章

（仲間を探す） 第7章

※建物を建てる流れは第3章コラム参照
※相続する、解体する流れは割愛

Point
**不動産会社に物件を提案してもらって
じっくりと調べて、検討しよう**

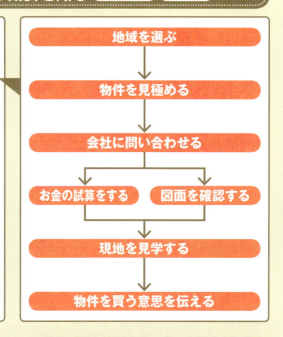

02 物件は誰が売っているの？

物件を売る3つの立場

不動産会社には、**売主、販売代理、仲介（媒介）と呼ばれる3つの立場**があります。この立場は「取引態様」と呼ばれます。

「売主」と「代理」は自社で新築のマンションや大規模な開発による一戸建てを建ててから、物件として小分けして売るときに多い立場です。「売主」は、不動産を建てた会社がそのまま売っているときに呼ばれます。また、「代理」は売主の販売代理を意味していて、主に売主のグループ会社などが、売主の代理として物件の販売を行います。

一方で、「仲介」の場合は、誰かが売っている物件の間に入って、仲介をする立場です。「仲介」の立場の会社から物件を買う場合には、契約のときに仲介手数料を払います。仲介会社は、物件を買う側の仲介と、売る側の仲介とで、最大で2社が間に入ることもあります。物件を買う側の仲介会社は、物件を売る側の仲介会社が登録した物件のデータベースを通じて連絡をとり、やりとりをします。

競売という売られ方

不動産は競売で売られることもあります。競売は、税金や借金を支払えなくなってしまったなどの事情で、裁判所が差し押さえた物件を売りに出す仕組みです。オークション形式で売りに出されて、割安で買うことができます。

しかし、通常の物件とは異なり、欠陥や不具合があっても契約を取り消せない決まりになっています。また、保証金や現金での購入が求められるため、難易度が高い売られ方です。

物件の売られ方

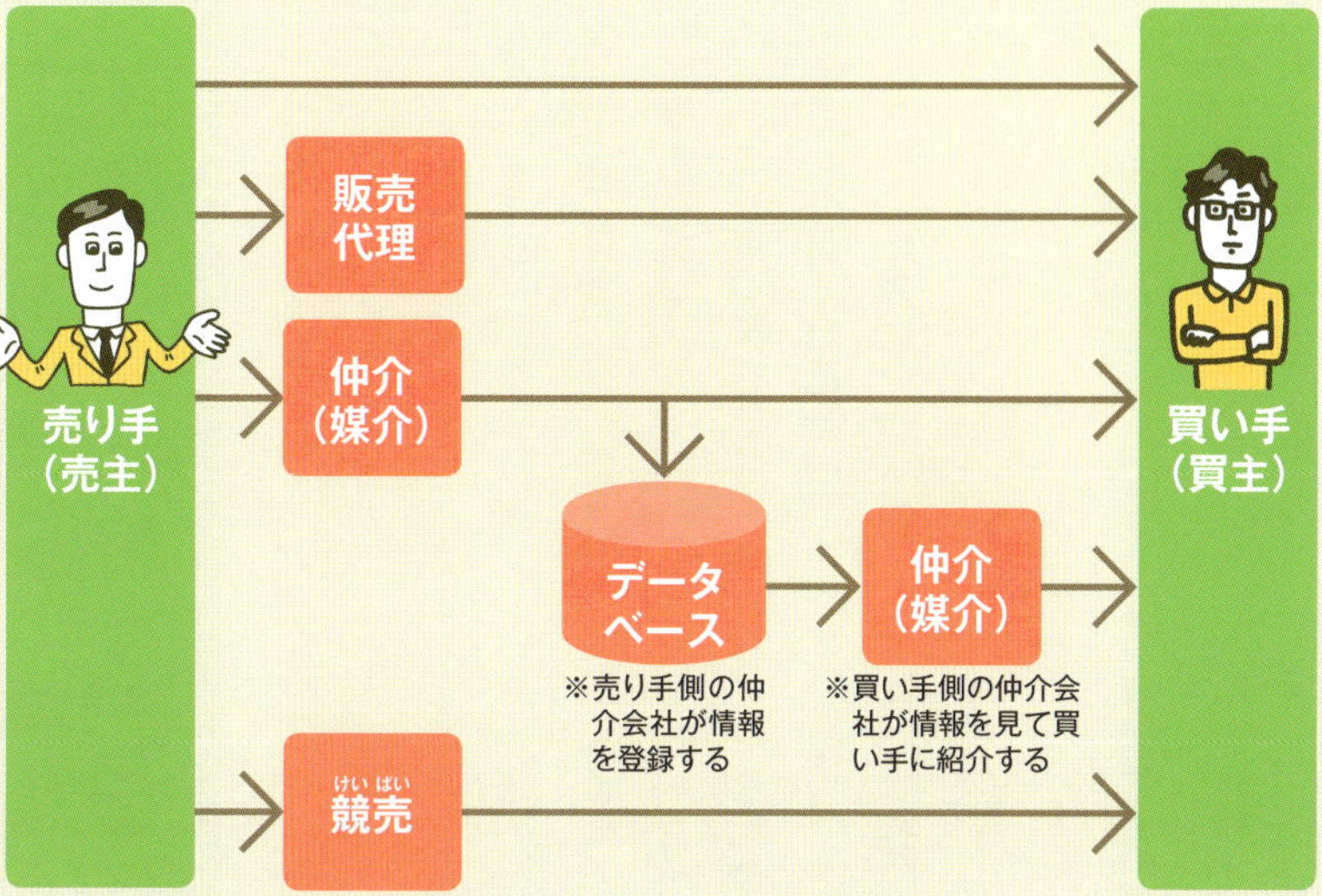

- 売主と代理、仲介（媒介）の立場（取引態様）がある
- いずれの立場かは、販売図面から見分けることができる（第3章1節参照）
- 売主と代理は通常、仲介手数料はかからない
- 競売は買うときの難易度が高い

物件の情報がある場所

サイト名	URL
楽待《らくまち》	https://www.rakumachi.jp/
健美家《けんびや》	https://www.kenbiya.com/

新築 テレビCM、新聞広告、折込チラシ、電車の中吊り広告など

中古 投函チラシ、仲介会社の店舗に貼られた図面など

Point

一般的に、売主、販売代理、仲介の3つの立場（取引様態）がある

03 「良い地域」の選び方

良い地域の選び方

不動産を買うときは、**どの物件を買うかはもちろんですが、どの地域の物件を買うかも同様に大切**です。物件の条件はあまり良くなくても、地域が良いことで不動産の価値が下がらないことがありますし、その反対のことも起こり得ます。

地域の情報を分析する

地域に関する情報は、インターネットでも手軽に得ることができます。相場については、不動産や家賃の現在の価格や、過去からの推移についても調べることができます。賃貸の募集状況に関しては、不動産サイトなどで、買いたい物件の条件を入力して絞り込むことで、類似した物件が貸し出されている条件や、家賃などを調べることができます。

また、災害や地盤のリスクについては、ハザードマップや地図が公開されています。学区で地域を決める方もいますので、市区町村のサイトで学区や学校の評判も確認しておくと良いでしょう。

人口統計から、人口の増減の割合を見ることができますし、駅の乗降者数も参考になります。

他にも、空き家率なども、公開されている情報を見ることが可能です。再開発や道路計画についても、行政のホームページなどを確認しましょう。

また、Googleのストリートビューでは、物件や近くの道路、周辺の環境などの様子や、過去からの変化なども見ることができます。

地域選びは、将来の資産価値につながるため、念入りに調査をしましょう。

地域の情報を分析する

地域の参考になるインターネットサイト

項目	提供者	内　容	URL
相場	リクルート	家賃の相場	https://suumo.jp/
地盤	ジオテック	地盤	https://www.jiban.co.jp/geodas/
	産業技術総合研究所	活断層	https://gbank.gsj.jp/activefault/
地震	国立研究開発法人防災科学技術研究所	地震予測	http://www.j-shis.bosai.go.jp/
災害	国土交通省	ハザードマップ	https://disaportal.gsi.go.jp/
事故	大島てる	事故物件	https://www.oshimaland.co.jp/
人口	国立社会保障・人口問題研究所	将来推計	http://www.ipss.go.jp/
	各自治体	人口動態	各自治体のホームページ
学区	各自治体	学区情報	
都市計画	各自治体	再開発道路計画	
周辺環境	Google	ストリートビュー	https://www.google.co.jp/intl/ja/streetview/

Point

地域の情報についてはインターネットから
さまざまな情報を得ることができる

04

「良い物件」を紹介してもらおう

「良い物件」とは？

不動産は一つとして同じものがなく、また、人によって物件に対する価値観に違いがあることから、「良い物件」は人によって異なります。

自分にとって良い物件を見つけるコツは、とにかく物件を数多く見ていくことです。**たくさんの物件を見る中で、自然と物件を比較し、判断基準が生まれることで、自分の希望する条件が絞り込まれてきます。**

また、物件を見極めるときは、自分の視点からだけでなく、借りる人の気持ちになって、物件を見ることが大切です。買ったあとに、実際に住むのは入居者です。将来の入居者が本当に借りたいと思えるかと想像しながら、検討することが大切です。

「良い物件」はスピードが命

不動産の情報はスピードが命です。同じ物件の情報が、さまざまな検討者のところに広まるので、**情報収集と決断には、スピードが求められます**。特に、良い物件ほどライバルが多く、決まるのが早いです。

不動産会社では、多くの場合、新たな物件の情報が入ると、インターネットなどに掲載する前に、買える人に打診しています。

複数の不動産会社に依頼しよう

不動産会社によって情報を得る速さが異なるので、複数の不動産会社にお願いしておくのも良いでしょう。駅前や、地域に密着した町の不動産屋さんのほうが、地元のつながりで、良い物件を取り扱っている可能性もあります。希望の条件をあらかじめ伝えておいて、すぐに教えてもらえる関係になっておきましょう。

良い物件を見つけるコツ

たくさんの物件を見る

多くの物件を見ることで、自然と希望の条件が生まれてくる

借りる人の気持ちになる

実際の入居者が本当に借りたいと思える物件を探す

スピードが命

地元の不動産会社から良い物件の情報をすぐにもらえるようにしておく

Point

たくさんの物件を見て、自分の希望する条件を明確にしよう

05 物件の値段は誰が決めるの？

物件の値段の決まり方

不動産には、ひとつとして同じ物件がなく、たくさんの種類の物件が、バラバラに売りに出されるため、定価というものが存在していません。

そのため、不動産の値段は、周辺の似たような物件の価格を参考にして、売る値段が決められています。

物件の値段を決めるのは、まずは不動産を売り出した人です。

その後、市場が反応して、それにあわせて金額を調整したあと、実際に「買いたい」と名乗りを上げた人との交渉があって、最終的な値段が決まります。

行政も価値を試算している

不動産は資産であるため、所有していることや、買ったり売ったりするときに税金がかかります。

そのため、不動産をいつでも評価して、税金の金額を算出できるように、行政は不動産の価値の試算を毎年、定期的に行っています。

土地の価値を計算する方法は主に3種類で、公示価格、路線価、固定資産税評価額があります。それぞれ、国土交通省、国税庁、全国の市町村が計算していて、インターネット上で見ることができます。

相場を参考に値段を決める

行政が試算する価値は、税金の計算が主な目的のため、税金が不当に高くなりすぎないように、実際に取引されている価格よりも低めに算出されています。そのため、**実際に不動産が売られるときは、それらの金額と、実際の価格との差分を加味して、土地の値段を決めることが多い**です。

行政が試算する土地の価格

行政が計算している例

種　類	実際の価格との乖離率	算出者	試算の目的	公開場所
実際の価格	100%	国土交通省	取引価格の参考(実際の価格)	不動産取引価格情報検索 http://www.land.mlit.go.jp/webland/servlet/MainServlet
公示価格	90～100%	国土交通省	取引価格の参考(理論上の価格)	標準地・基準地検索システム http://www.land.mlit.go.jp/landPrice/AriaServlet?MOD=2&TYP=0
路線価	80%	国税庁	相続税や贈与税の計算	路線価サイト http://www.rosenka.nta.go.jp/
固定資産税評価額	70%	全国の市町村	固定資産税の計算	全国地価マップ https://www.chikamap.jp/chikamap/Portal

- 税金の計算のための評価であり、実際の相場よりも低めに計算されている
- 実際の価格との差分を加味することで、相場の金額が計算できる

Point

物件の値段は売る人が決めるが、行政も毎年、物件の価格を試算している

06 物件の価格を試算しよう

主な物件の価格の試算方法

不動産には定価がありません。そのため、第三者の立場から公平に、より正確に金額を算出します。基準となる計算方法は主に3つあります。

価格を試算する3つの方法

物件の価格を試算する方法には、**①原価法、②取引事例比較法、③収益還元法があります**。原価法による試算では、土地と建物の価格をそれぞれ試算して、合計する方法をとります。

土地の価格に関しては路線価や公示価格、相続税評価額、固定資産税評価額などといわれる、税金の計算の基準となっている金額を使用します（第2章5節参照）。

行政が試算する不動産の価格は、実際の相場よりも低く算出されるので、乖離率を踏まえて計算します。

また建物の価格に関しては、再調達価格と呼ばれる、仮に建て直したときの建築の価格をもとに計算します。このとき、住宅であれば木造で22年、鉄骨造で34年、鉄骨鉄筋コンクリート造で47年などと、あらかじめ決められた耐用年数と呼ばれる、会計上の建物の寿命と、建物全体の床面積の大きさを加味して建物の金額を試算します。

他にも、取引事例比較法という、周辺で売り出されている物件の価格を参考にする方法や、収益還元法という、想定される利回りから試算する方法があります。

また、**より公式に試算したい場合には、専門家である不動産鑑定士に評価を依頼します**。

算出した金額をもとに、価格交渉を行うこともあります。

物件の価格を試算しよう

物件価格の試算例

試算方法	計算式
①原価法	＜建物を評価する場合＞ ・評価額 ＝「土地の評価額」＋「建物の評価額」 ・土地評価額 ＝「行政の試算する路線価 × 面積」 ※行政の試算する地価は第2章5節を参照 ※実際の金額との乖離率を踏まえたうえで計算する ・建物の評価額 ＝ 建物の延床面積 × 再調達価格 ×（法定耐用年数 − 築年数）÷ 法定耐用年数 ※再調達価格（仮に建て直したときの建築の価格）から、経過年数分を引いて計算 ＜建物を評価しない場合＞ ・評価額 ＝「土地の評価額」−「建物の解体費用」 ※建物の解体費用 ＝ 延床面積 × 解体価格
②取引事例比較法	一般的には周辺での実際の事例から比較をする
③収益還元法	利益額と想定利回りから計算する 価格 ＝ 利益額 ÷ 想定利回り

住宅の構造ごとの耐用年数、再調達価格、解体価格

構造	耐用年数	再調達価格（㎡単価）	解体価格（㎡単価）
木造	22年	15万円/㎡	約5万円/㎡
鉄骨造	34年	16万円/㎡	約6万円/㎡
鉄骨鉄筋コンクリート	47年	20万円/㎡	約7万円/㎡

※解体価格は、地域や建物の状況によっても大きく異なる

Point

物件の価格を試算して
相場よりも高いか安いかを見極めよう

07 不動産投資の利益を計算しよう

不動産投資の利回り

投資では利益の指標のひとつに「利回り」が使われています。

株式などの投資では、1年間の配当の金額を、現在の株価の金額で割ることで利回りを計算しています。利回りは利益の指標となり、他の投資との比較に使われます。

不動産投資は、**1年間の家賃の収入を不動産の価格で割ることで利回りを計算しています**。不動産投資の利回りは、物件の投資効果を比べるのに便利です。

不動産投資の3つの利回り

不動産投資の利回りは、主に3種類あります。一般的にいわれる利回りは、単純に1年間の家賃を、不動産を買ったときの金額で割ったものです。表面的に、簡易に計算された利回りのため、表面利回りともいわれます。

また、新築する前や、空室で家賃が発生していない場合に計算する利回りは、満室になった場合に想定される家賃の金額をもとに計算しています。これを想定利回りといいます。このとき、想定される家賃が甘くないかを見極めましょう。

一方、より現実に近い数字として計算する利回りは、実質利回りと呼ばれます。実際に買うときにかかる諸費用や、1年間で必要な管理費を細かく計算式に入れます。そのため、実質利回りは、表面利回りや想定利回りよりも低い数字になります。

物件を比較する段階では、表面利回りで簡易的に計算し、物件を絞り込んだあとからは、具体的に細かい数字を計算していき、実質利回りを計算しましょう。

3つの「利回り」

利回りは、1年間で生み出す利益の指標
物件を比較する指標として利用されている

利回りの種類	計算式
表面利回り	1年間の家賃収入 ÷ 物件の価格
想定利回り	※新築前や空室がある場合 1年間の想定家賃収入 ÷ 物件の価格
実質利回り	※諸費用も含む場合 (1年間の想定家賃収入 − 1年間の費用) ÷ (物件の価格 ＋ 買うときの諸費用)

※一般的に「利回り」と呼ぶと表面利回りのことをいう

5部屋あるアパートの例

・物件価格：3,000万円
・買うときの諸費用：200万円
・月々の家賃：入居中……4部屋 × 5万円
　　　　　　　空室　……1部屋 × 5万円（募集中）
・管理費など：年間で15万円

想定利回り：5 × 5 × 12 ÷ 3000 ＝ 10%
表面利回り（現状）：4 × 5 × 12 ÷ 3000 ＝ 8%
実質利回り：(4 × 5 × 12 − 15) ÷ (3000 ＋ 200) ＝ 7%

Point

一般的に利回りとは、表面利回りのこと
詳細な金額から実質利回りを計算しよう

COLUMN

建物の金額を試算する例

種類：一戸建て
築年数：11年
建物面積：100㎡
構造：木造

STEP ① 構造から耐用年数と再調達価格を調べる

木造の場合は

- 耐用年数…22年
- 再調達価格…15万円/㎡（建物面積1㎡当たり）

STEP ② 再調達価格（仮に新築で建て直した場合の価格）を計算する

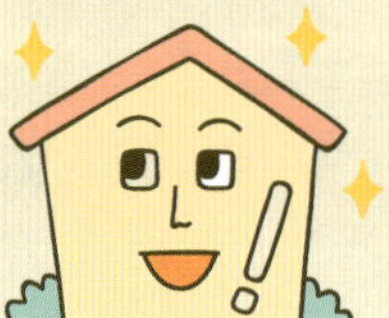

15[万円/㎡]×**100**[㎡]＝**1,500**万円

STEP 3 耐用年数に対して、経過した年数分の価値を割り引く

1,500万円÷**22**年×**11**年＝**750**万円

CHAPTER 3

第3章

良い物件を見極めるコツ

01 「販売図面」を読み取ろう

物件情報は「販売図面」で確認

不動産を買うときに、最初に見る資料は「販売図面」でしょう。広告会社の社名をとって、「マイソク」と呼ばれることもあります。

通常、販売図面は、不動産会社に気になる物件を問い合わせることで取り寄せることができます。

販売図面では、物件の概要が1枚にまとめられています。形式は決まっていませんが、主な内容としては、物件名、写真、価格、所在地、駅からの距離、地図、土地の権利のほか、建物の構造、間取図、建ぺい率や容積率、用途地域などの情報が掲載されています。これらについては本章の中で詳しく解説していきます。

販売図面はあくまで販売のため

販売図面は主に不動産会社が作っていますが、あくまでも販売を目的にした図面のため、正確な情報ではない場合があります。**数字が正しいかは、契約前にもらえる詳細な資料や現場の様子を見て確認しましょう。**

表面利回りや想定利回りが書かれていることがありますが、実際には多額の管理費が発生してしまったり、周辺の相場とは著しく離れた家賃が想定されている可能性があります。また、詳細な金額を計算せずに概算で計算して実質利回りと書いているものもあるので、注意が必要です。

また、「閑静な住宅地」「大規模リフォーム済み」「眺望良好」などといった情報も、図面にはよく書かれています。しかし、こうした**感覚的な表現は、人によって感じる程度が異なります。実際の内容を、自分で確かめることが重要です。**

不動産の販売図面（マイソク）

販売図面は物件の情報が１枚にまとまった紙

販売図面を見るときの注意点

あくまで販売のための図面で、情報が正しいとは限らない

・詳細な数字など…契約の前にもらえる詳細な資料で確認する
・周辺環境の情報など…現地を見学して確認する

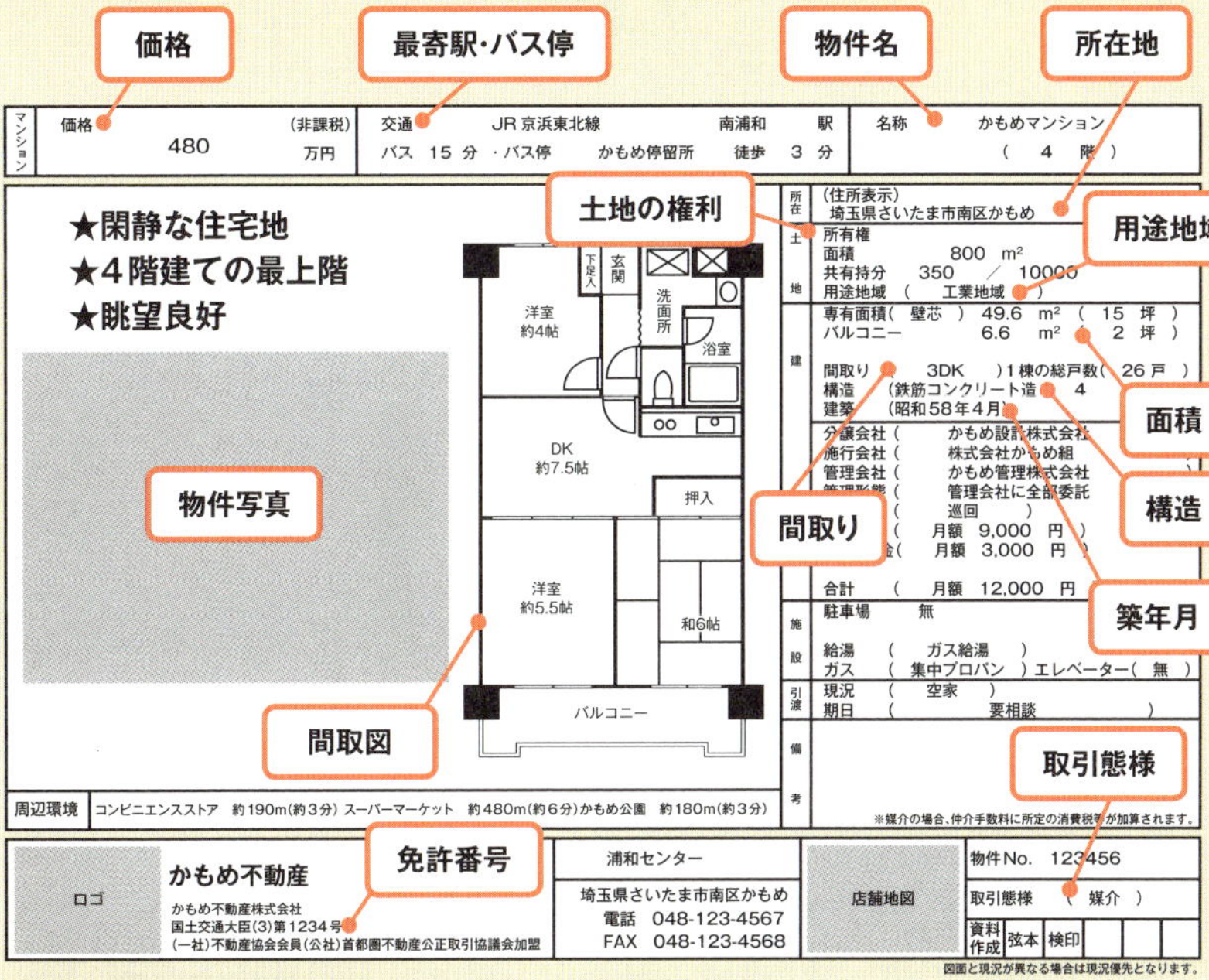

部屋の広さの単位

単　位	換　算
1坪	約3.30578㎡
1畳（1帖）　※江戸間畳1枚分	約1.548㎡
1㎡	約0.3025坪

Point

図面はあくまで販売のためのもの
実際に相場や現地の調査をしよう

02 「間取図」から建物を想像しよう①

間取図は正確な設計図ではない

間取図は、部屋の間取りを書き起こしたものです。多くの場合はパソコンなどで作成されていますが、古い物件の場合には、手描きで作られていることもあります。間取図は、建築時に作成する詳細な設計図とは異なり、簡単に部屋の造りがわかるような図です。**そのため、間取図の近くには「現況有姿を優先します」などと書かれることがあります。**これは「現在のある姿が正しいです」という意味です。縮尺や長さは正確とは限りません。**実際に部屋を見る場合には、間取図と違いがないかを確認しましょう。**また、平面図では高さまでの記載がないため、天井や壁に梁《はり》が出ていたり、斜めになったりしている場合には、間取図から想像したよりも実際の部屋のほうが狭く見える場合がありますので、注意が必要です。

押さえておきたい間取りの略語

主な間取りの呼び名ですが、ワンルームはその名の通り、1部屋の物件のことをいいます。また、LDKは、Lはリビング（居間）、Dはダイニング（食堂）、Kはキッチン（台所）を意味しています。これらの記号は組み合わせで使用されることが多く、たとえばLDKは、リビング、ダイニング、キッチンの機能のある部屋が1部屋あることを意味しています。また、前についている数字はLDK以外にある部屋の数を表しています。

間取図は、記入できる余白が限られていることから、略語が多く使われています。よく使われる略語を挙げますので、覚えておきましょう。

間取図の読み方

間取りの例

1R	2LDK
ワンルーム（1部屋）	・2部屋＋LDKという意味 ・LDKは1つの部屋にまとまっている ・Lはリビングで居間、Dはダイニングで食堂、Kはキッチンで台所の略 ・L、D、Kの組み合わせの場合も
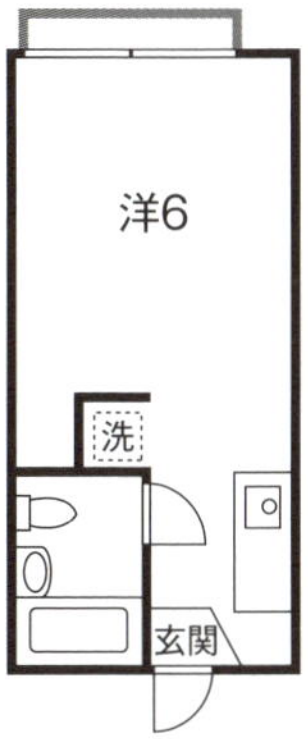	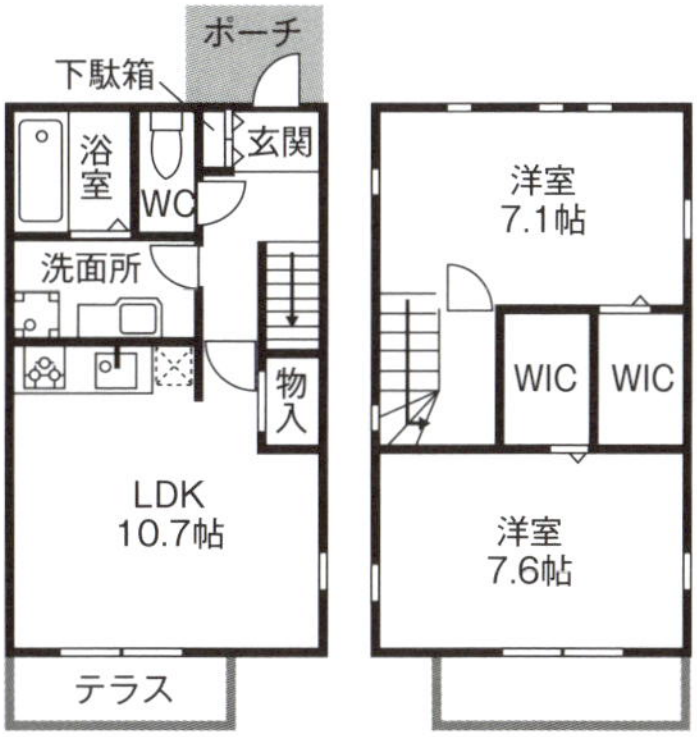

略　語	意　味
S	建築基準法上、採光や換気が基準を満たしていない部屋（サービススペース、納戸の略）
N	
WIC	歩いて入れるクローゼット（ウォークインクローゼットの略）
WC	トイレ（ウォータークローゼットの略）
UB	風呂とトイレが1つになっているもの（ユニットバスの略）
PS	水道管やガス管などが収納されている（パイプスペースの略）
AC	エアコン
EV	エレベーター

Point

図面は正確ではないため、実際の部屋と違いがないかを確認しよう

03 「間取図」から建物を想像しよう❷

間取図を読み取ろう

間取図は、部屋の中の様子を簡易的に表したものです。そのため、わかりやすさを重視するために、トイレや浴槽、キッチンはそのまま図にして描かれていることが多いです。

また、ドアは、扉を開ける方向がわかるようになっていて、一方向に開閉するものや、お風呂などでよく使われている折戸も表現されています。

多くの場合は、部屋の図の外に、どの方角にどの部屋があるかがわかるように、方位磁針で向きが描かれています。周辺に大きな建物がない場合は、日当たりが良いのは南側ですが、朝は東側、夕方は西側に陽が差します。

マンションの場合は、同じ階の物件でも、南側の部屋のほうが少し価値が高くなることが多いです。

入居者の目線で見てみよう

間取りを見るときに重要なのは、入居者が求める間取りを押さえることです。**入居者目線で、どのようにして家の中で生活するのかをイメージしましょう。**たとえば、トイレと浴室、洗面所が1つにまとまっている間取りはあまり人気ではありません。それぞれが独立していたほうが、貸し出したときに選ばれやすく、家賃も上げられるでしょう。

他にも、南向きに窓があるほうが明るいため、リビングやバルコニー（ベランダ）は南側がおすすめです。

また、キッチン、浴室、洗面所、トイレなどの水回りがまとまっていると、水の音がうるさくならず、配管が短くリフォームもしやすいです。管理やリフォームを考えることも大切です。

間取図から建物を想像しよう

間取図の例

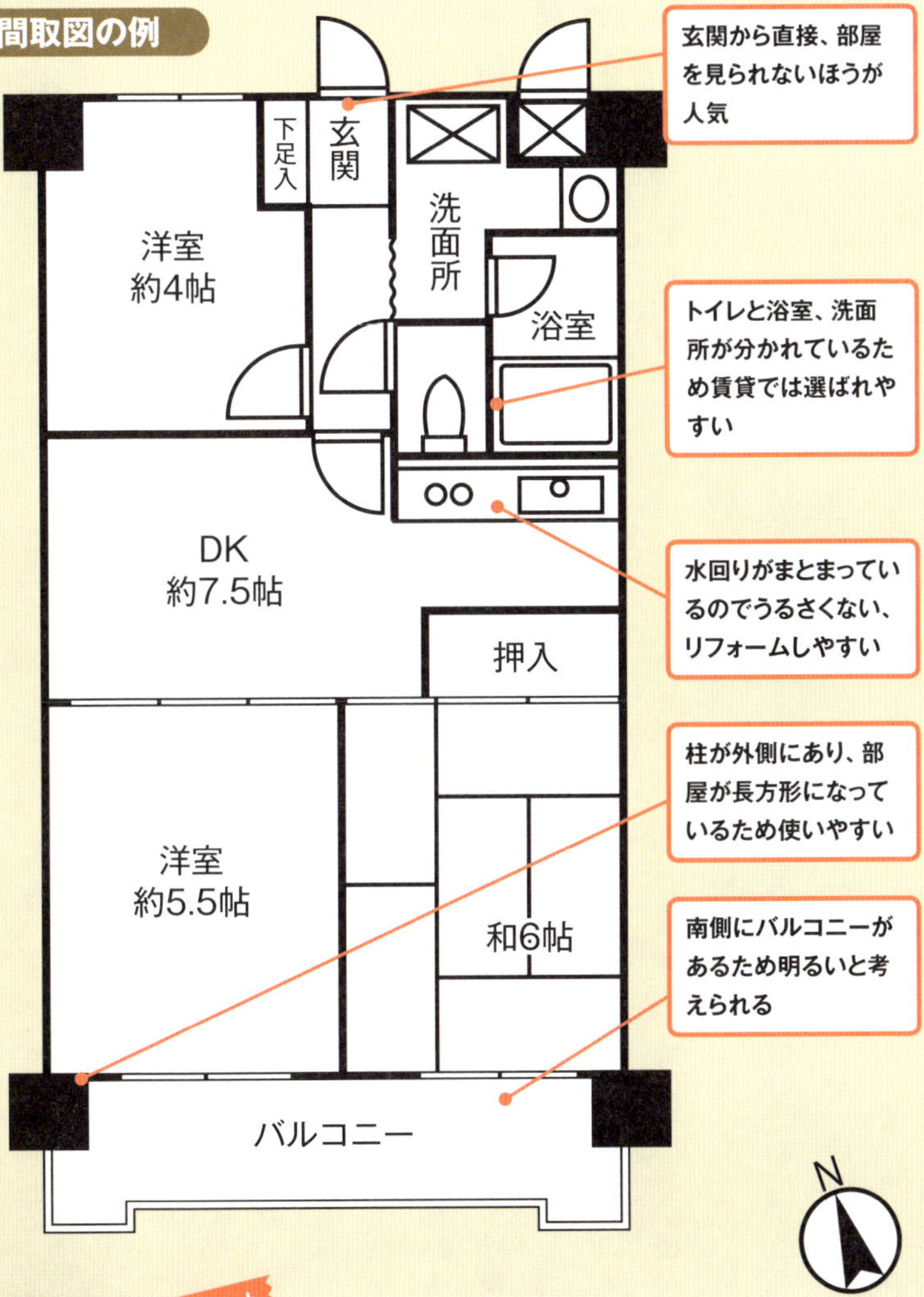

玄関から直接、部屋を見られないほうが人気

トイレと浴室、洗面所が分かれているため賃貸では選ばれやすい

水回りがまとまっているのでうるさくない、リフォームしやすい

柱が外側にあり、部屋が長方形になっているため使いやすい

南側にバルコニーがあるため明るいと考えられる

Point

入居者の視点で見て、より生活のしやすい部屋かをイメージしよう

04

土地や建物の制限を知ろう①

土地や建物の制限を知ろう

販売図面を読むときに、住所とあわせて確認したいのは、地域に関する土地や建物の制限がどのようになっているかについてです。

土地や建物の制限は、主に民法によるものや、都市計画法や建築基準法に関するもの、宅地建物取引業法や借地借家法によるものなどがあります。

民法では、基本的な法律として、隣家との境界や隣人との生活についての基本的な取り決めがあります。

都市計画法による制限

都市計画法では、効率よく街づくりを行うために、計画的に都市化を進めている「市街化区域」と、都市化を抑制して開発を控える「市街化調整区域」とに地域を指定しています。また、**市街化区域内では、用途地域と呼ばれる地域で分けて、建物の使い道や高さの制限をしています**。

用途地域は、その地域でどのような建物を中心にするかを12に分類して指定しており、主に住居系、商業系、工業系の3つに分かれています。それぞれ、建てられる建物の種類やその大きさ、提供できる事業の種類などが指定されています。

一方で、**市街化調整区域では、原則として公共のインフラやライフラインの整備が行われません**。また、新築や増築にも制限があり、多くの場合には家を建てるときに、事前に許可を得る必要があります。

他にも、都市計画法では、火災に強い建物にするための防火地域の指定や、自然環境を守るためや、特別な用途に制限するための地区の指定があります。

土地や建物の制限①

用途地域の分類

分類	用途地域	特徴や制限
住居系	第一種低層住居専用地域	戸建てやアパートが中心
	第二種低層住居専用地域	
	第一種中高層住居専用地域	マンション、大規模店舗を含む
	第二種中高層住居専用地域	
	第一種住居地域	旅館を含む
	第二種住居地域	
	準住居地域	
商業系	近隣商業地域	商店街、繁華街などの商業施設が中心
	商業地域	
工業系	準工業地域	工場が中心
	工業地域	
	工業専用地域	

都市計画法で指定される地区や地域の例

防火地域、準防火地域	密集した地域での火災に備える建物の決まり
風致地区	自然環境を守る地域
景観地区	建物の色や形に制限のある地域
高度地区	建物の高さに制限のある地域
特別用途地区	文教地区や観光地区など、用途を特定した地区

Point

買いたい物件が、どの地域でどの制限があるのかを、事前に確認しよう

05

土地や建物の制限を知ろう②

建築基準法による制限

建築基準法では、主に道路の制限や、建物の大きさの制限、日当たりの規制などの制限を法律で定義しています。

道路の前にある建物には、「接道《せつどう》義務《ぎむ》」と呼ばれる制限があります。原則として、最低4mの幅の道路に2m以上の幅で接していなければならないというものです。

既存の物件で**土地の前に4mの幅の道路がない場合には、新たに建物を建てる際に、後ろに下がって建物を建てなければなりません**。

また、道路と2m以上の幅が接していない物件は、原則として建物を建てることはできません。

すでに建物がある場合には「再建築不可」として告知がされます。再建築不可とは、たとえ建物を取り壊しても、新たに建ててはいけないという意味です。

建物を再度建築することができないことから、銀行などからのローンは組みづらいですが、通常通り建築ができる土地よりも安いため、あえて買う人もいます。

アスベストと耐震診断

アスベストと耐震診断については、**調査の結果がある場合には結果を、ない場合には調査をしていない旨の報告をすることが義務づけられています**。アスベストは石綿ともいわれ、以前は広く使用されていました。人体に影響があることがわかり、現在は禁止されています。

同様に、耐震診断を受けている場合には、調査の結果を、ない場合には診断をしていない旨の報告をすることが義務づけられています。

土地や建物の制限❷

建築基準法による制限

道路の制限	• 前面の道路幅は最低4mの幅の道路に2m以上の幅で接していなければならない • 前面の道路幅と2m以上の幅で接していない場合には、解体をしても再度建築をすることができない • 前面の道路幅が4mに満たない場合には、道路の中心から2m以上離れるように後退しなければならない（セットバックという）
建ぺい率、容積率の制限	• 広さや高さを制限することで、都市の街並みを維持する • 用途地域の種類によっても制限が決まっている • 地下室や駐車場、バリアフリーなどの特定の条件を満たすことで、条件が緩和されることがある
斜線制限、日影規制	周辺に日当たりを確保するために、建物の屋根の一部に傾斜をつけることがある

道路の制限

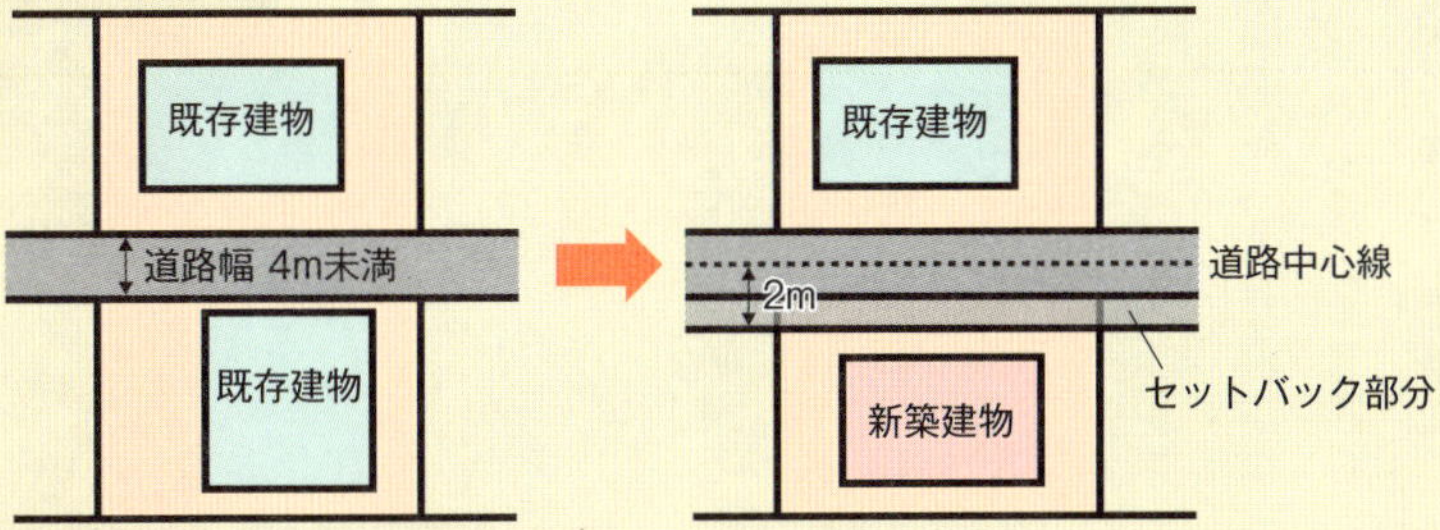

宅地建物取引業法による告知義務

アスベスト（石綿）調査の有無と結果	• 調査や診断をしている場合は結果を開示する • 調査や診断をしていない場合はその旨を記載する
耐震診断の有無と結果	

Point

法令上の制限や告知の義務がある項目の内容を確認しよう

06 土地や建物の制限を知ろう③

建ぺい率と容積率による制限

都市計画法では、用途地域の分類に合わせて、建てられる建物に制限を設けています。**建物の広さや高さを制限する指標には、容積率と建ぺい率があります。**

建ぺい率は、建物の1階部分の面積が敷地面積に対する割合です。また、容積率は、建物の各階の床面積を足し合わせた、延床面積が敷地面積に対する割合です。

これらの2つの割合に制限を設けることで、建物の大きさや高さが制限されて、街並みが保たれるようになっています。

すでに違反している場合

中古物件で、当時は正しい基準で建てられたものや、過去の所有者が増築をしたもので、現状では容積率や建ぺい率を越えてしまっている物件は「既《き》存《ぞん》不《ふ》適格《てきかく》」と呼ばれます。

既存不適格の物件は、すでに建っていて、あまり問題にならないように見えますが、消防検査などで解消を求められる場合、新しく増築ができない場合や、建物を小さくする減築を求められる場合、最悪の場合には解体を余儀なくされる場合もあります。

今後建て替えるときのことを踏まえても、物件が建ぺい率や容積率の条件を満たしているのかを把握しておきましょう。

既存不適格の物件は、銀行などからの評価も低いため、ローンを借りる際に、審査で不利になる可能性があります。そのため、いざ売ろうと思ったときにも、ローンが借りづらいことから、次の買い手が見つからないこともあり得ます。

土地や建物の制限❸

建ぺい率と容積率

建ぺい率＝建築面積／敷地面積×100(%)　容積率＝延床面積／敷地面積×100(%)

$\frac{50m^2}{100m^2}$×100(%)＝50%　$\frac{100m^2}{100m^2}$×100(%)＝100%

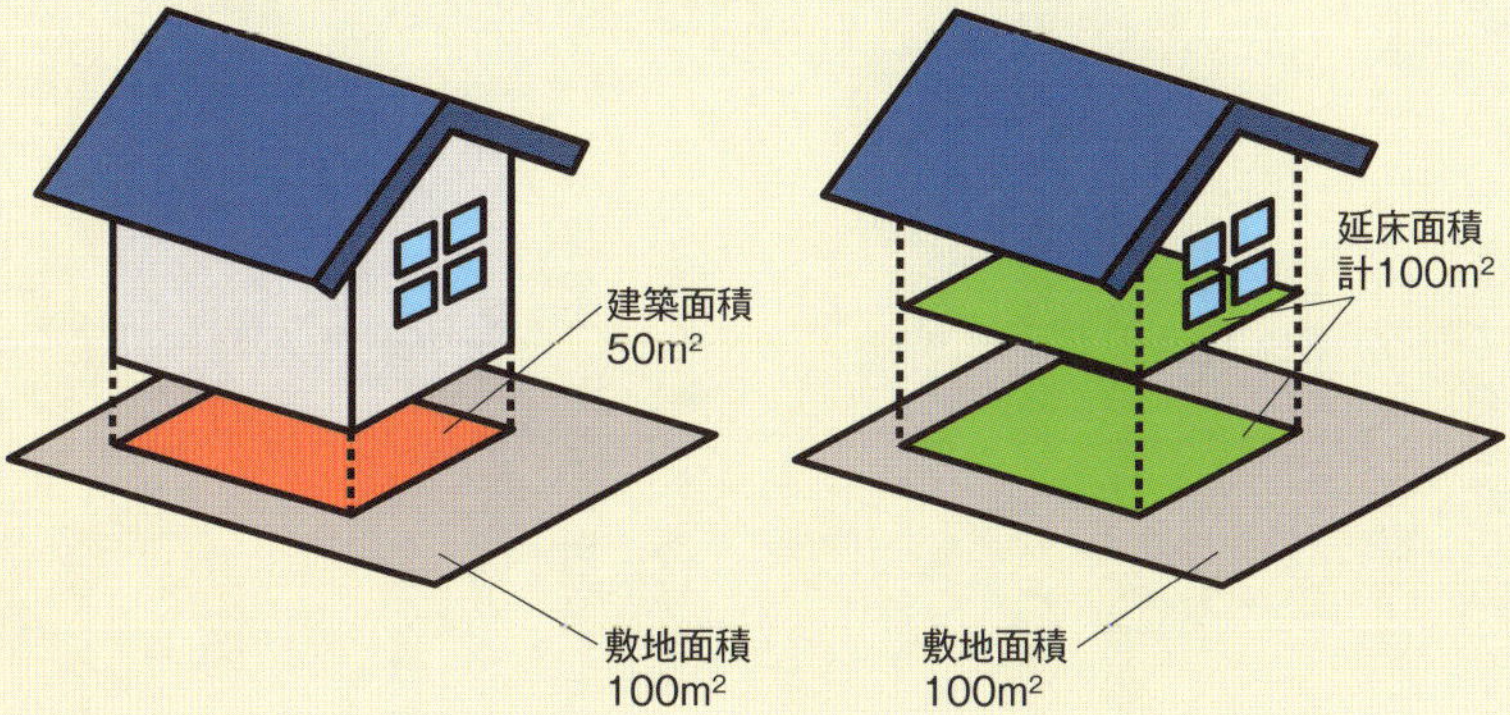

既存不適格の物件……現在は違反状態のもの

➡（背景）当時は違反ではなかったが法律が変わった

- 減築を求められる可能性がある
- 新しく増築はできない
- 解体を余儀なくされる可能性がある
- 銀行などからの評価が低い

Point

建ぺい率や容積率は、建物の面積や高さを制限するためにある

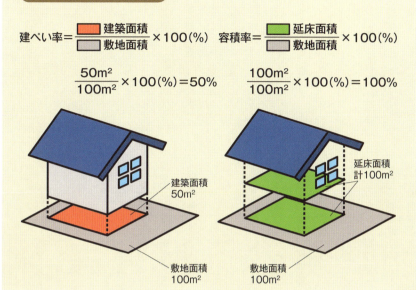

07 近くの人との取り決めを知ろう

敷地と道路

敷地や道路に関しては、隣り合う土地の所有者と調整をする必要があります。たとえば、周辺の土地の所有者と私道を共有する場合には、管理費用や税金の支払いの分担、お互いに利用する場合の制限などに関して、取り決めを行っています。

ライフラインの確認

ライフラインに関しては、飲用水、ガス、電気、排水が正しく使用できるかについて確認しましょう。

工事や整備をするにあたり、費用が発生する場合があります。また、隣家の土地を利用するための調整が必要な場合もあります。

集合住宅の建物の管理と使用

マンションなどの集合住宅の場合には、**管理規約とマンション理事会などの議事録、修繕履歴と修繕計画を確認しましょう。**

修繕履歴と計画が正しく管理されているか、修繕積立金が適切に集められているかを調べて、今後、突発的に修繕積立金が値上げされないかなどを確認しておきます。

これらの資料は、不動産会社が管理会社に問い合わせをして手配してくれます。

また、管理の形式には、常駐、日勤、巡回、無人などがあります。常駐は24時間、日勤は平日の業務時間内に管理人がいますが、巡回は週に何回か、管理人が掃除や管理に来ることをいいます。

管理が手厚いほど入居者の生活の質や資産価値は上がりますが、管理費が高くなるため、金額もあわせて確認しましょう。

近隣との取り決め

近隣との主な取り決め

敷地と道路、私道負担	敷地権利、私道負担など
ライフライン	飲用水、ガス、電気、排水など
集合住宅の建物の管理、使用	共用部分、管理費、修繕積立金、管理会社など

一戸建ての例

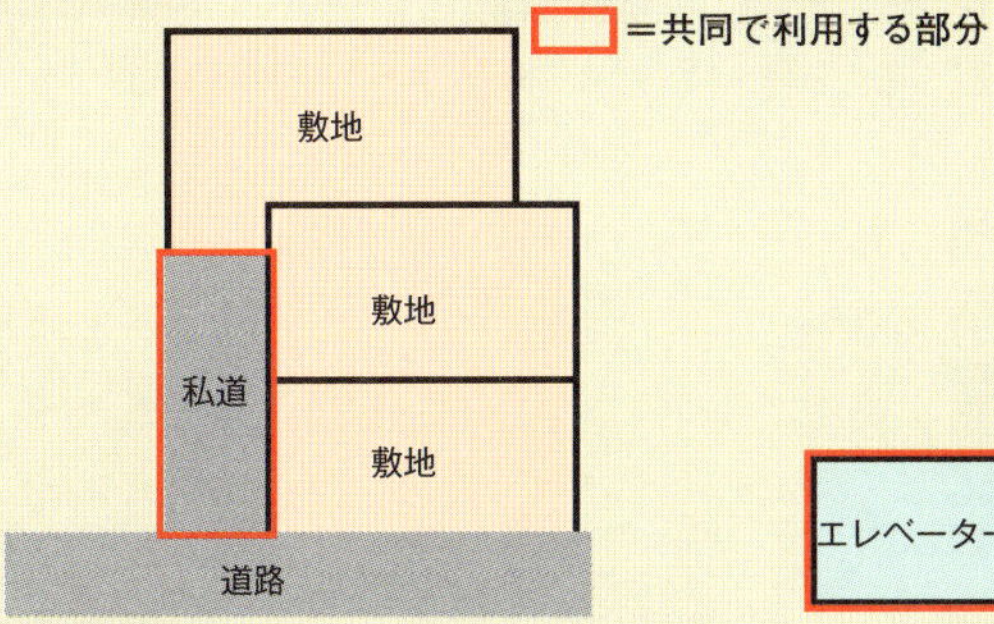

マンションの例

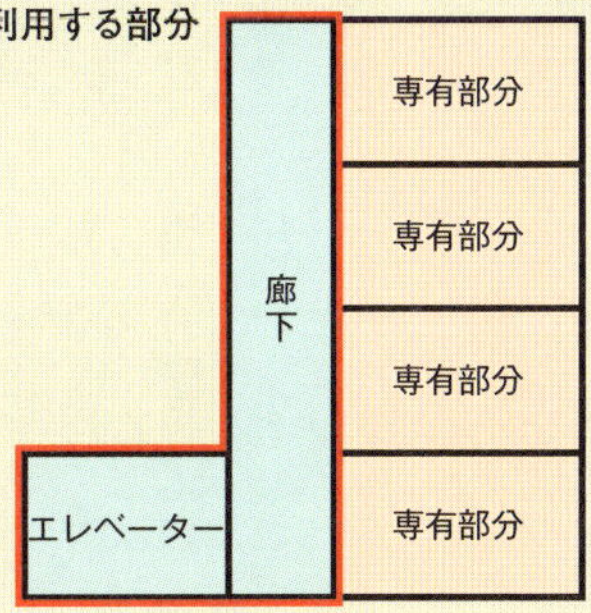

管理組合の組織のイメージ図

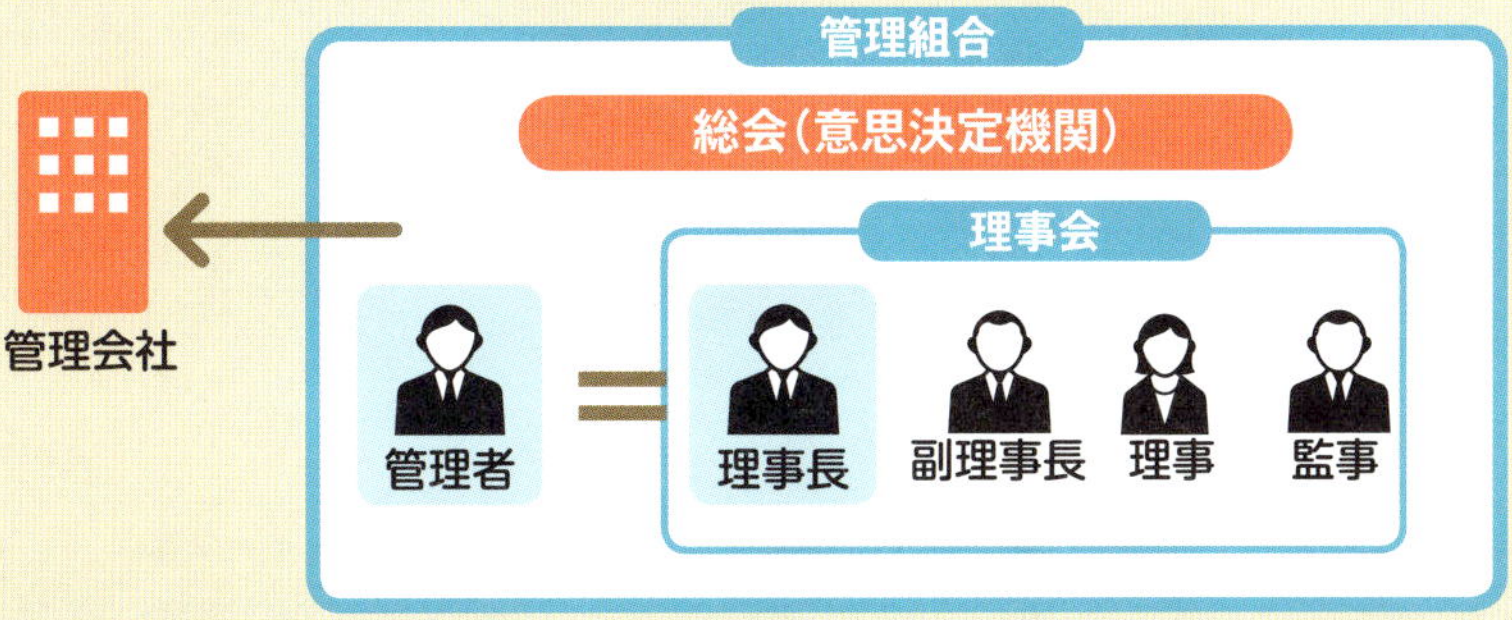

一戸建ては隣人、マンションは管理会社との決まりを確認しよう

08

建物の造りを知ろう

建物の骨組みの形

建物には、構造と呼ばれる骨組みの形があります。主なものは、木造、鉄骨造、RC造、SRC造です。構造は、会計上の建物の寿命である耐用年数に影響を与えます。**階数の高い建物ほど、頑丈な造りを取り入れていて、長い年月の維持ができるため、銀行などからの評価が高いです。一方で、材料費や建築のための費用は高くなります。**

一般的に、木造は一戸建てやアパートなどに使用されています。鉄骨造はS造ともいわれ、3階までの低層のアパートやマンションで使われます。また、鉄筋コンクリート造はRC造ともいわれ、3～7階建てのマンションの構造として多いです。鉄骨鉄筋コンクリート造は、SRC造と呼ばれ、耐久性に優れていて、主に8階建て以上の高層マンションに取り入れられています。

また、建築の工法にも種類があります。最も一般的な工法は、木枠組工法（在来工法）で、木を組み立てて作る方法です。他にも、壁式工法（ツーバイフォー）や、プレハブ工法という建築方法があります。これらは、すでに壁や窓などのパーツを工場で作っておいて、組み立てるように作る工法です。

建物の造りと会計

このような特徴から、耐用年数の短い木造を取り入れて、節税を目的に新築のアパートなどを建てる場合があります。耐用年数が短いほうが、短期間で建物の見かけの価値を下げやすいためです。

さまざまな種類の中から自分に合った構造の物件を探しましょう。

建物の造り

構造とその特徴

	木造	鉄骨造	RC造	SRC造
	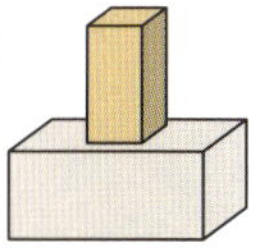	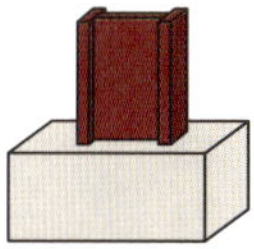	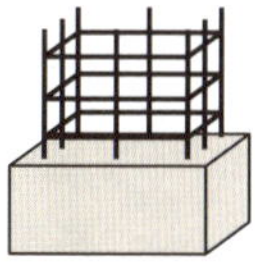	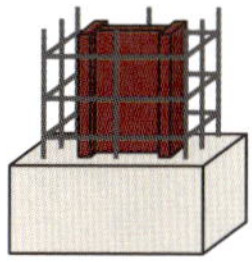
主な建物	一戸建て、アパート	低層アパート、マンション	低層～中層マンション	高層マンション
耐用年数	22	27～34	47	
強度	弱 ⟷			強
建築費	安 ⟷			高
銀行などの評価	低 ⟷			高

工法とその特徴

木造枠組工法（在来工法）	壁式工法（ツーバイフォー）	プレハブ工法
		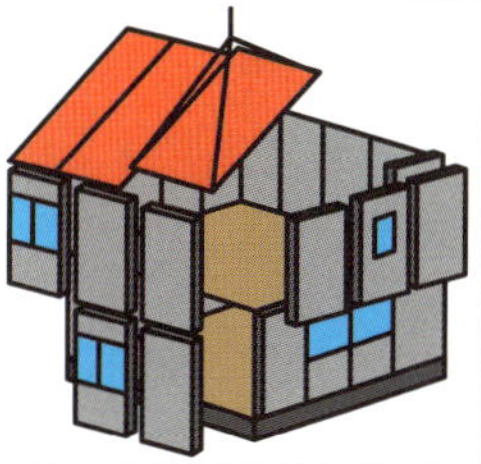
•コストが安い •リフォームがしやすい	•音が響きにくい •断熱性に優れている •耐震性に優れている •柱や梁が室内から見えない	•コストが安い •工期がとても短い •品質が安定している

Point

建物の構造は、強度と価格、銀行からの評価額に影響がある

09 入居者の見分け方

入居者の情報を見よう

すでに入居者が住んでいる物件の場合には、基本的に物件を買うときに部屋の中を見ることはできません。

その場合は、**「レントロール」と呼ばれる入居者の一覧をもらい、どのような入居者がいるのかを確認しましょう**。

レントロールは家賃の明細表ともいわれ、部屋ごとの入居状況、家賃や共益費、預かり敷金の金額、契約年月日などが書かれています。

また、入居者の賃貸の契約書のコピーをもらえることもありますが、これらは個人情報ですので、むやみに誰にでも渡されるわけではなく、買付証明書を送ったあとなど、ある程度、手続きが進んだところで見せてもらえることが多いです。個人情報ですので、取り扱いには十分に注意しましょう。

家賃が払えるかを判断しよう

年齢、性別、家族構成、勤務先などが書かれていますが、書面にない場合は口頭で情報を聞きながら、今まで滞納の履歴がないかや、連帯保証人や保証会社が入っているかを確認し、家賃が払えるかを判断します。

空室の想定家賃に注意

これから新築する物件や中古で空室がある物件では、想定の家賃や想定利回りを計算しましょう。すでに販売図面などに書かれている場合には、**周辺の物件の相場を見て、想定の家賃の金額が適切かを確認しましょう**（第6章3節参照）。

なお、長い期間、入居や空室が続いている部屋は、リフォームを検討しましょう。

入居者の見分け方

レントロールの例

2019年1月21日時点

部屋番号	間取り	面積[㎡]	現況	入居日	予定	家賃[円]	共益費[円]	合計[円]	敷金[円]
101	1DK	20	入居	2018年4月1日		76,000	3,000	79,000	76,000
102	1DK	18	入居	2018年10月15日		69,000	2,000	71,000	69,000
201	1DK	20	入居	2018年2月1日	1月31日退居予定	80,000	2,500	82,500	80,000
202	1DK	18	空室		募集中	70,000	2,500	72,500	70,000
301	2LDK	38	空室		2月1日入居予定	120,000	4,000	124,000	120,000

入居申込書の例

個人用　【入居者申込書】　2019年1月21日

所在　東京都千代田区神田錦町3-11　物件名　かもめマンション　2階　202号室

申込人
氏名　かもめ 太郎　男・女　M・T・S・H 62年 4月 2日生（31）才
住所　〒336-0000　TEL 048-123-4567　埼玉県さいたま市南区かもめ1-1-101　本籍地　東京
勤務先　名称　かもめ商事　所在　〒101-0000　TEL 03-1234-5679　東京都千代田区かもめ1-1-1　勤続年数　7年
業種　インターネット　所属　営業部　役職　課長
年収　400万円　社員数　100人　設立

〒336-0000　TEL　TEL 048-123-4567
住所　埼玉県さいたま市南区かもめ1-1-101

め 太郎　31才　男・女　本人　会社員
名　年齢　才　性別　男・女　続柄　職業

連帯保証人
氏名　かもめ 花子　男・女　M・T・S・H 42年 1月 21日生（51）才
所在　〒336-0000　TEL 048-123-4567　埼玉県さいたま市南区かもめ1-1-101　続柄　母
勤務先　名称　かもめ 花子　所在　〒202-0000　TEL 03-1234-8888　東京都西東京市かもめ2-2-2　勤続年数　15年
所属　経理部　役職
万円　社員数　250人　設立　1950年

年収が家賃の支払いに対して問題なさそうか

勤務先、勤続年数が問題なさそうか

連帯保証人が問題なさそうか
※最近は保証人の代わりに保証会社に入る場合も多い

Point

レントロールや賃貸契約書を確認して
家賃滞納のリスクがあるかを判断しよう

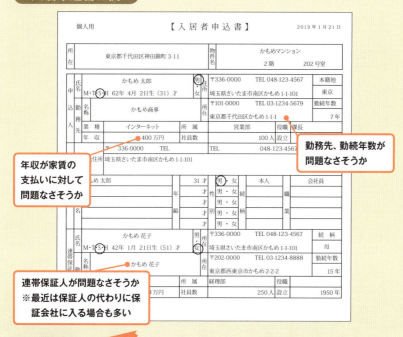

10 現地の見学で見るべきポイント

自分の目で確かめよう

販売図面では、物件をより良く見せるために、良い点を強調していたり、悪い点を隠したりしている可能性があります。また、**図面には記載されない情報もあるため、現地での見学は重要です**。これから建物が新築される物件で、まだ土地しかないといった場合でも、必ず現地を確認しましょう。

現地を見学する際に、部屋の中が見られる場合には、販売図面との違いがないかを確認します。また、建物全体に関しても、管理がきちんと行き届いているかを確認します。マンションの場合は入居者が使う共用部、入居者のマナー、ごみ置き場、植木や屋根などが隣の敷地にはみ出していないかなどを確認します。

住みやすさの調査をしよう

見学では、周辺の環境も見て、住みやすさを確認しましょう。不動産会社との見学のときには車で向かい、あまりじっくり見られないこともあります。別の日でも良いので、実際に自分で周辺を歩いてみましょう。徒歩1分は一般的に80mで計算されていて、少し早歩きになる時間です。駅やバス停などを中心に、周辺の施設まで実際に歩いてかかる時間も調べておきましょう。近くの飲食店やコンビニ、スーパーに立ち寄って、周りにどういう人が住んでいるのかを想像します。

町の様子は、昼と夜や平日と休日などで大きく変わります。人の動きだけでなく、臭いや騒音が発生する時間もあります。地元の不動産会社に足を運び、その町の様子について情報収集することも有効です。

現地の見学で見るべきポイント

分類	確認項目	見るべきポイント
建物	部屋	「物件情報報告書」や「設備付帯表」がある場合には、資料を見ながら以下の項目を確認する • 間取図の通りか • リフォームが必要か • 日当たりは悪くないか • 眺望は悪くないか • 水、電気が使えるか • 音や臭いがないか
	（部屋が見られない場合）	• レントロールと入居者が同じか（名義貸しでないか） • ポスト、電気メーターが使われている様子か • 窓にカーテンがあるか
	共用部分	• エントランス、廊下、ゴミ捨て場、駐輪場が暗くないか、荒れていないか、注意の張り紙がないか • エレベーターや消防、貯水槽などが点検されているか
	外壁、屋根	• 外壁やタイルがはがれていないか • 屋上やベランダは防水されているか • 修繕計画の内容が妥当か
	総戸数・販売戸数	• 実際に住まれていそうか • 空室率が高くなさそうか
	駐車場	機械式駐車場ではないか（メンテナンス費用がかかる）
土地	境界線	• 境界標があるか • 建物の一部や、木の枝や屋根などが敷地からはみ出してきていないか
	徒歩時間	• 徒歩時間が表示通りか • 坂道や信号待ちがひどくないか
	周辺施設	• 駅、バス停、学校、病院、銀行、郵便局、市役所、コンビニ、スーパー、飲食店、美容院、学習塾、公園、将来の開発予定があるか • 夜道でも街灯があるか • 周辺に競合物件がないか • 営業時間や定休日はいつか
	嫌悪施設と呼ばれる建物	火葬場、墓地、ごみ焼却施設、下水処理場、廃棄物処理施設、風俗店、飛行場、踏切、パチンコ店、競馬場、ガソリンスタンド、高圧電線の下などは、賃貸で嫌がられる可能性があるので注意

Point

見学は、部屋が見られなくても行こう。時間を変えて周辺を歩いてみよう

11 中古物件は、ここに注意！

新耐震基準を満たさない物件

中古物件は、新築とは異なり、建築から時間が経過しているため、注意するべき点が多いです。まずは、築年数が古い場合の耐震基準についてです。

耐震基準とは、震災への対策として、国が定めている建築のルールです。耐震基準は時代とともに強化されていますが、１９８１年（昭和56年）6月1日より前に建った物件は、旧耐震基準の物件と呼ばれ、その後の耐震基準をクリアできていない場合があります。

ただし、物件によっては、その後に耐震補強工事などを行い、新耐震基準を満たしている場合もあります。**旧耐震基準の物件はローンが借りづらいことも多いです。**

大規模修繕計画、修繕積立金

マンションやビルなどの場合には、12年に一度を目安に外壁などの大規模修繕を行うため、修繕積立金と呼ばれるお金を毎月各部屋から集金して積み立てています。しかし、滞納などで修繕積立金を正しく積み立てられていない物件があるのです。**将来的に修繕ができないことや、追加で一時金の支払いが求められることがあるので、注意が必要です。**

事故物件の告知義務

自殺や殺人などの事件のあった物件は、周辺の相場よりも割安で売られていることがあります。売る側には「告知義務」という、伝える義務がありますが、**将来的に賃貸を行う場合に、今度は自分が告知しなければなりません。**告知義務があるかどうかは、忘れずに聞きましょう。

中古物件で注意するべきポイント

耐震基準とその特徴

新耐震基準（1981年6月以降）　　旧耐震基準（1981年6月より前）

- 旧耐震基準の物件は、現在の耐震基準を満たしていないことがある
- 旧耐震基準の物件はローンが借りにくい場合が多い

推定修繕工事項目	対象部位など	工事区分	周期	想定している修繕方法など
Ⅰ　仮設				
1　仮設工事				
①共通仮設		仮設	12年	仮設事務所、資材置き場など
②直接仮設		仮設	12年	枠組足場・養生シートなど
Ⅱ　建物				
2　屋根防水				
①屋上防水（保護）	屋上、塔屋、ルーフバルコニー	補修	12年	伸縮目地の打替え、保護コンクリート部分補修
		修繕	24年	下地調整のうえ、保護塗装（トップコート塗り）※かぶせ方式（防水層を撤去しない）
②屋上防水（露出）	屋上、塔屋	修繕	12年	ウレタン塗膜防水のうえ、保護塗装（トップコート塗り）※かぶせ方式（防水層を撤去しない）
		撤去・新設	24年	既存防水層を全面撤去のうえ、下地調整（露出アスファルト防水など）
③傾斜屋根	屋根	修繕	12年	下地調整のうえ、保護塗装（水性ポリマーなど）
		撤去・葺替	24年	既存屋根材を全面撤去のうえ、下地補修、葺替え（アスファルトシングル葺、金属板葺など）
④庇・笠木など防水	庇天端、笠木天端、パラペット天端・アゴ・架台天端等	修繕	12年	高圧水流の上、下地調整（ウレタン塗装防水など）
3　床防水				
①バルコニー床防水	バルコニーの床（側溝、幅木を含む）	修繕	12年	床／高圧水流のうえ、下地調整（ウレタン塗装防水）側溝・巾木／高圧水流のうえ、下地調整（ウレタン塗装防水）
②開放廊下・階段等床防水	開放廊下・階段の床（側溝、幅木を含む）	修繕	12年	床／高圧水流のうえ、下地調整（塩ビシート張りなど）側溝・巾木／高圧洗浄のうえ、下地調整（ウレタン塗装防水）
4　外壁塗装など				
①コンクリート補修	外壁、屋根、軒天（上げ裏）、庇など（コンクリート、モルタル部分）	補修	12年	ひび割れ・浮き・欠損・鉄筋の発錆・モルタルの浮きなどの補修
②外壁塗装	外壁、手すり壁など	塗替	12年	高圧洗浄のうえ、下地処理、塗装（仕上塗材）
		撤去・塗装	36年	既存全面撤去のうえ、下地処理、塗装（仕上塗材）

修繕箇所　修繕頻度　修繕方法

Point

建築から時間が経過しているため
中古物件には注意するべき点が多い

COLUMN

建物を建てるときの流れ

不動産投資では、一般的には建築済みの物件や、完成予定の物件を扱うことが多いです。ここでは、土地から建てるときの流れを紹介します。

建物を建てる場合には、❶土地を買う、❷建物を建てる、❸ローンを借りる、の大きく3つの流れを並行して進めます。

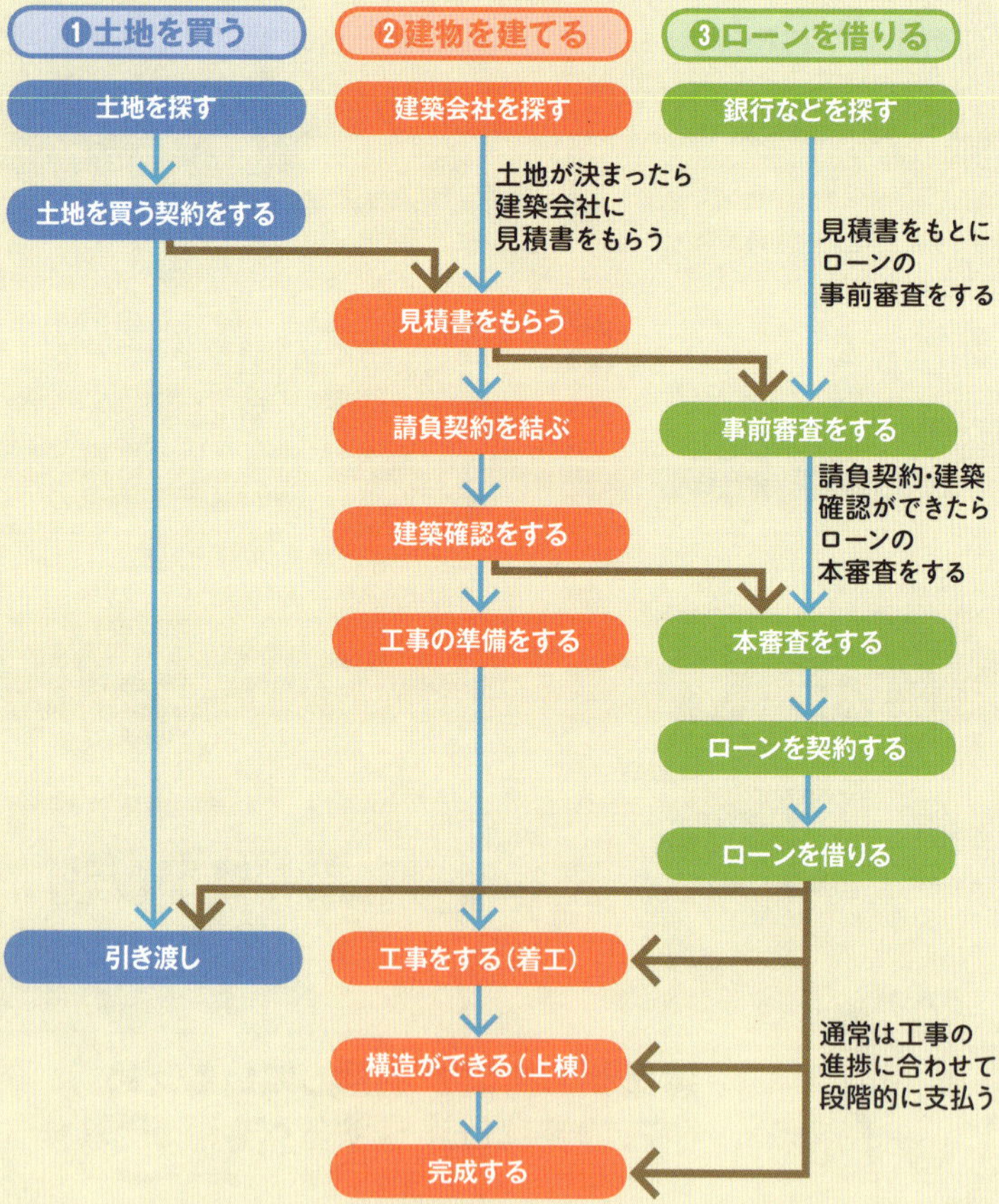

CHAPTER 4

第4章

物件を買う「契約」と「ローン」

01 物件を決めてから買うまでの流れ

契約に向けた手続き

いよいよ買いたい物件が決まったら、契約に向けて手続きを始めます。**契約は通常、買うことを決めたその場では行わず、売り手と買い手のそれぞれで準備をして、決済日と呼ばれる日に契約を結びます。**

まず、物件を買おうと決めたら、すぐに物件を売っている会社や人に、買う意思を伝えるために、買付証明書（申込書）を送ります。その後、具体的な条件を確認し、契約の手続きを進めます。

そして、重要事項の説明と契約内容の読み合わせを不動産会社から受けて署名捺印を行います。

このとき、登記簿謄本の情報もしっかり確認しましょう。不動産は大きな買い物なので、引き渡し前の解約の条件や、引き渡し後に不具合があった場合の責任についても、事前に取り決めておきましょう。

物件を買うお金の準備

これらと並行して物件を買うお金を用意します。購入資金をすべて手持ちのお金から用意できる場合は、ローンを借りる必要はありませんが、多くの場合は、銀行などを探して、ローンを組むことになります。

ローンを借りる際には、自分の情報や物件の情報を送って事前に審査をしてもらい、ローンの種類や借りる金額が決まったら、金銭消費貸借契約を結びます。

このように準備を行い、物件とお金のやりとりは、不動産会社の担当者同席のうえで1日で実施します。ローンを借りる場合は、銀行で行うことがあります。その後、司法書士に登記の手続きをしてもらいます。

物件を買うまでの流れ

不動産投資の概要を知る 巻頭特集 第1章

❶買う

物件を探す 第2章
物件を見極める 第3章
▼
物件を買う契約をする 第4章
（ローンを探す） 第4章

物件を買う意思を伝える
↓
- 重要な情報を確認する → 物件の権利を確認する → 物件を買う契約をする → 手付金を振り込む
- ローンを探す → ローンを選ぶ → ローンの事前審査をする → ローンの契約をする

↓
物件の引き渡し、登記をする

（お金を管理する） ローンを返済する　節税する 第7章

（仲間を探す） 第7章

※建物を建てる流れは第3章コラム参照
※相続する、解体する流れは割愛

Point

物件を買う意思を表明して交渉や契約
並行してローンの手配を進めよう

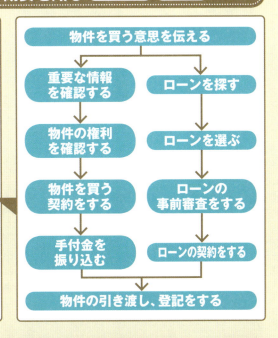

02 物件を買う意思を伝えよう

「買付証明書（申込書）」の送付

不動産は、同じ物件が二つとないことから、不動産を買う話を具体的に進めるためには、物件を売っている人に、**一度売りに出すのを控えてもらい、契約を進める依頼をする必要があります**。

物件を買う意思を伝えるためには、「買付証明書」を送ります。買付証明書は、申込書とも呼ばれ、不動産会社が用意してくれる場合が多いです。記入する内容は、購入を希望する価格、融資利用の有無などです。

買付証明書は、あくまで申込書であり、法的な拘束力はありません。そのため、必ずしも優先的に交渉できるとは限りません。

また、売買の契約を結ぶ前であれば、途中で買うのを取り止めにすることも可能です。しかし、売り手や仲介会社などに手間をかけてしまうため、むやみに買付証明書を送付することは避けましょう。

追加の資料をもらえることも

中古物件では入居者の情報など、気軽に公開できない情報に関しては、買付証明書を送ったあとに見せてもらえる場合があります。追加の資料を詳細に確認して、検討を進めましょう。

新築のマンションなどでは、多数の申し込みがあった場合には、平等に購入者を決めるために、抽選会を開催します。

なお、買付証明書は、契約や交渉の順番待ちを決める役割もありますが、近年は**現金での購入やローンの審査が早く通ったほうが優先される場合が多いようです**。売り手は、早く確実に売れるほうを選びたいからです。

買付証明書を送ろう

不動産買付証明書

2019年1月21日

売主　　　株式会社つばめ不動産	様
埼玉県さいたま市南区かもめ 1-1-1	
かもめ 太郎	

売主の情報を記入する

私は下記不動産を下記の条件にて購入することを証明いたします。

記

1．物件　　物件名：　かもめマンション
　　　　　所　在：　東京都千代田区神田錦町3-11
　　　　　土　地：　330　㎡（100坪）
　　　　　建　物：　33　㎡（10坪）

物件の詳細な情報を記入する

2．売買金額　　購入価格　　金　7,400万円也
　　　　　　　手付金　　　金　100万円也

3．支払方法　　□ 現金
　　　　　　　□ 銀行融資（ローン特約 ■ 要　　□ 不要）

ローンを借りる場合は特約を付けておく

4．契約希望日　　2019年　4月　30日

5．決済希望日　　2019年　4月　30日まで

6．有効期限　　2019年　1月　31日まで

7．その他条件

- 買付証明書を送っても、優先的に交渉できるとは限らない
- 売買の契約を結ぶ前なら、途中で取り止めにすることも可能

買付証明書を提出することで追加の資料をもらえることもある

- 入居者の情報（レントロール）
- 詳細な建築図面など

Point

物件を買う意思が固まったら
まずは買付証明書（申込書）を送ろう

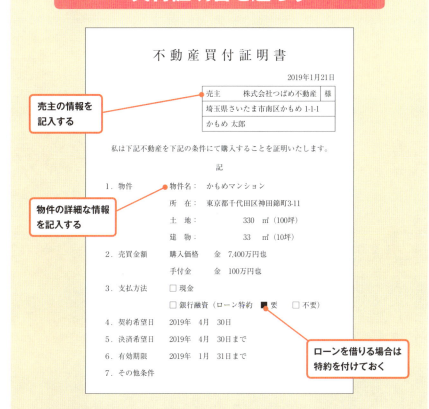

03 「重要な情報」を確認しよう

「重要事項説明書」による確認

不動産取引では、「重要事項説明書」と呼ばれる書類を、宅地建物取引士という資格を持った担当が説明する決まりがあります。

書面を読みあわせたあとに署名捺印をすると、記載内容をすべて受け入れたことになるため、不明点を一つひとつ確認しながら説明を受けましょう。

事前に資料をもらって自分でじっくり調べたうえで、のちに不利にならないように、気になる点は追記や修正をしてもらいましょう。口頭で約束したことも、書面に残すことが大切です。

重要な情報を確認する中で、もし物件の欠点が新たに見つかった場合には、価格の交渉もできるかもしれません。

重要な情報とは？

重要な情報としては、主に①登記内容、売主の情報（第4章4節参照）、②法令による制限（都市計画法、建築基準法など）（第3章5節・6節参照）、③近隣との取り決め（第4章7節参照）、④金銭の受け渡し（第4章5節参照）、⑤欠陥があったときの保証（第4章13節参照）、⑥契約の解除条件（第4章6節参照）があります。

すでに販売図面で確認しているものもありますが、**情報が正しくない場合がありますので、重要事項説明の情報をもとに、あらためて正式に確認しましょう。**

契約書は、通常は2枚印刷して、2枚が同一であることを示す割印を押します。双方で1枚ずつ受け取るので、大切に保管しましょう。

重要事項を確認しよう

- 重要事項説明書は口頭で宅地建物取引士が説明する決まり
- 捺印すると記載内容をすべて受け入れたことになる
- 事前に必ず資料をもらい、不明点をなくしてから捺印する

項　目	確認のポイント	参　照
①物件や売り手の情報	• 物件や売り手の情報は、登記簿の内容と同じか • 物件は特定できているか • 権利関係は整理されているか	第4章4節
②法令上の制限	• 都市計画法、建築基準法などの制限はどうか • 現行の法律に合った物件か • 建て直しができる物件か • 耐震基準、アスベスト（石綿）の調査があるか	第3章4〜6節 第3章10節
③インフラの整備	ライフライン（飲用水や電気、ガス、排水など）は確保されているか	第3章7節
④近隣との取り決め	• 私道の権利はどのようなものか • 管理規約や共用部分の使用のルールがあるか • 大規模修繕計画があるか • 修繕積立金や管理費が適切か	第3章7節 第3章10節
⑤契約条件	• 解約の条件はどうか • 瑕疵担保責任はどうか • やりとりする金額が正しいか	第4章5〜7節 第4章13節
⑥その他	その他に特記する事項はないか	

Point

重要事項説明書は、事前にしっかり内容を確認したうえで、捺印をしよう

04 土地や建物の権利を見よう

不動産情報を記録する登記

登記とは、不動産の所有権などの権利を明らかにしておくために登記簿に記すことをいいます。**登記をすることで不動産の所有権を主張できるようになります。**

そのため、不動産の売買の契約をする際には、法務局に登記簿の持ち主の名前を書き換えてもらいます。

登記簿の情報を確認しよう

まずは、物件の概要や売主に関する情報が正しいかを確認します。

登記簿は法務局やインターネットにて、誰でも見られる情報ですが、多くの場合は不動産会社のほうで手配してもらえます。

登記簿は、表題部、甲区、乙区の3つに記載が分かれています。表題部では、所在地や構造、土地建物の概要が書かれています。住所や面積、所有者の名前や住所、権利の状態などが、契約書の名義と同一かどうかを確認しましょう。新築の場合には、物件を売り出している建築会社の名前が入っていることがあります。

その物件で借りたローンがわかる

中古の場合には、初めて登記がされたあとで、**どのような人が過去に売買をして、いくらのローンを借りたのかなどを見ることができます。**

甲区には、所有者の変遷や移転をした時期や理由が書かれていて、乙区にはどこからお金を借りているかが書かれています。第三者が物件の権利を主張してトラブルになることがないように、過去や現在に、あやしい所有権の移転や借り入れがないかを確認しましょう。

登記情報を確認しよう

表題部		所在地や構造などの土地や建物（全体、専有部）の概要
権利部	甲区	過去からの所有者の変遷や、所有者の変わった時期や理由
	乙区	どこからいつ、いくらのお金を借りているか

東京都千代田区　　全部事項証明書　　（土地）

【表　題　部】（土地の表示）			調整　昭和62年4月2日	地図番号	余白
【不動産番号】	1234567890123				
【所　在　地】	東京都千代田区神田錦町3丁目11番地		余白		
【①　地　番】	【②　地　目】	【③　地　積】　m^2	【原因及びその日付】	【登記の日付】	
9999番3	宅地	100　00	9999番1から分筆	昭和62年4月2日	

物件の情報が正しいかを確認する

【権　利　部　（甲区）】（所有権に関する事項）				
【順位番号】	【登記の目的】	【受付年月日·受付番号】	【原因】	【権利者その他の事項】
1	所有権移転	昭和62年4月2日 第1234号	昭和62年 4月2日売買	所有者　埼玉県さいたま市南区かもめ1-1-1　鈴木太郎

過去からの所有者がわかる

【権　利　部　（乙区）】（所有権に関する事項）				
【順位番号】	【登記の目的】	【受付年月日·受付番号】	【原因】	【権利者その他の事項】
1	抵当権	昭和62年4月2日 第1234号	昭和62年 4月2日売買 消費貸借同日設定	債権額　金7,400万円 利率　年2.975% 損害金　年5%　年365日日割計算 債務者　埼玉県さいたま市南区かもめ1-1-1　鈴木太郎 抵当権者　東京都中央区日本橋かもめ17-1　西東株式会社

所有権やローンであやしい履歴がないかを確認する

物件を担保にいつ誰がいくら借りたかがわかる

Point

登記簿の情報から、売り手の情報や過去の売買やローンの履歴を見よう

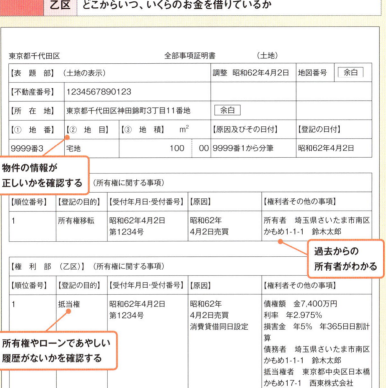

05 物件を買う契約をしよう

購入を決めた際に交わす契約書

重要事項説明書の内容を確認して実際に購入を決めた場合には、いよいよ契約に入ります。

契約では、**売り手と買い手との間で契約する「不動産売買契約書」と、仲介会社が間に入る場合には「不動産媒介契約書」を結びます**。

契約に必要なものは、本人確認書類（運転免許証や保険証、パスポートなど）と印鑑、印紙です。印紙は、契約書に貼る切手のような形のもので、取引額に応じて法律で定められた金額のものを用意します。

また、手付金が必要な場合には、契約のときに支払いを行います。金額は話し合いで決めますが、一般的には物件の購入価格の1割や100万円ほどの場合が多いようです。同様に、契約から引き渡しまでの間に中間金が必要な場合には、期日までに支払いを行います。

契約後に完成する場合

契約のときに新築していなかった物件では、完成時に物件の内覧会が開かれることがあります。このとき、物件が契約した内容の通りに正しく建てられているかを確認しましょう。不具合や気になる点があれば、物件を修正してもらえないか相談しましょう。

同時に、貸すときや売るときの図面に、新たにアピールできるものがないかも確認しましょう。日の当たり具合を見て「日当たり良好」と加えたり、マンションなどでは、有名な山や公園、海、建物やタワーなどが見える場合には「眺望良好」として紹介したりすることができます。物件の魅力を見つけましょう。

物件を買う契約をしよう

不動産売買契約書の例

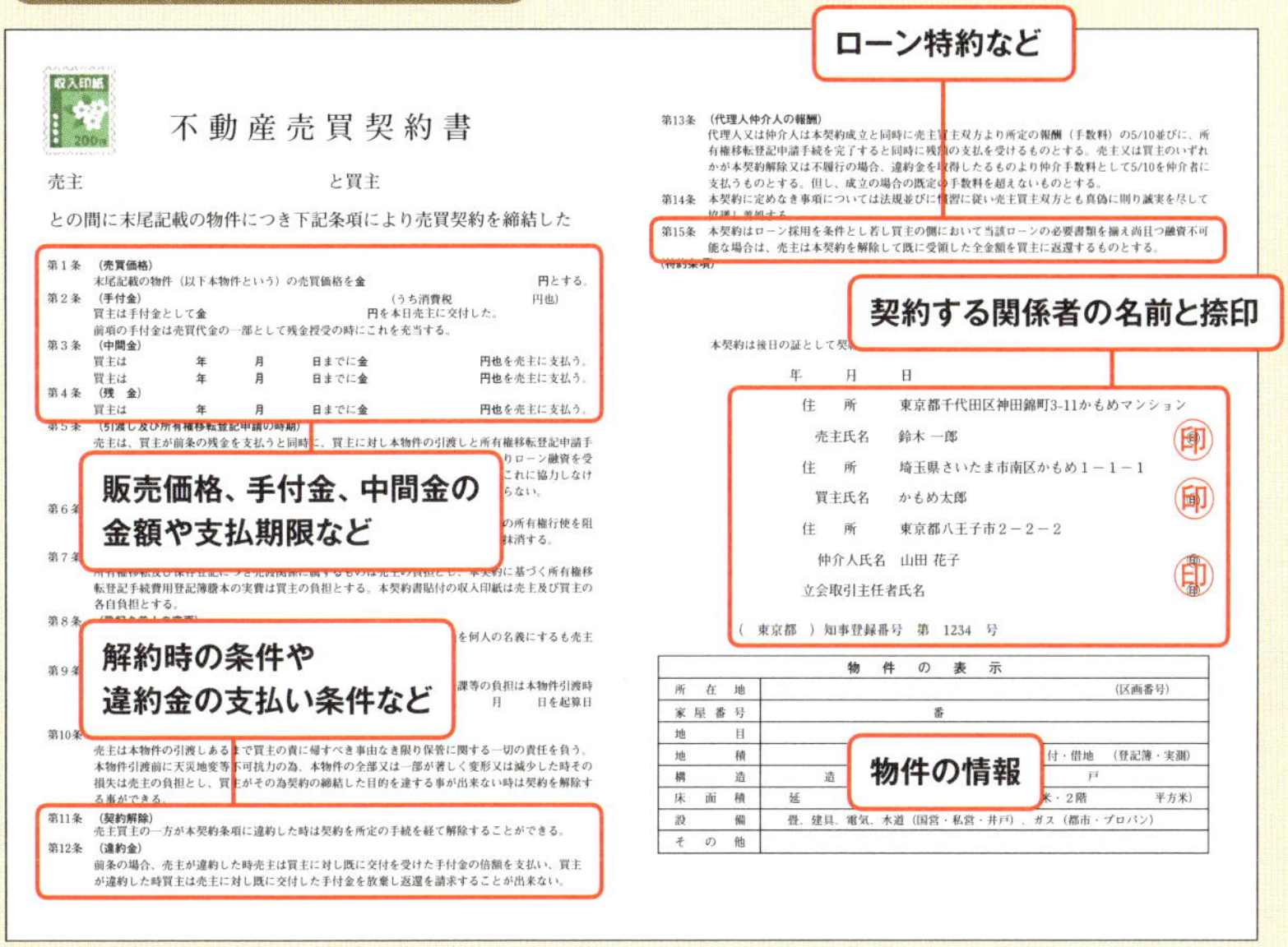

契約に必要なもの

＜一般的に買う側が用意するもの＞

印鑑

印紙

手付金

本人確認書類
（運転免許証や保険証、パスポートなど）

Point

契約の内容はわからない点がないようにしっかり確認してから捺印しよう

06 契約を解約するときの条件を決めよう

解約の条件も気を抜かずに

不動産取引は大きなお金が動くため、内容の食い違いや、契約の準備ができない事態が起こったときのために、解約するときの取り決めも事前に決めておきます。**引き渡しまでに何があるかわからないので、気を抜かずに詳細を詰めましょう。**

やむを得ない状況での解約

やむを得ない状況では、お金の支払いなどは発生せず、無条件で解約することが一般的です。クーリングオフによる解除（第1章11節参照）以外に、いくつかの特約による解約があります。

ローン特約では、ローンが借りられなければ買えないことから、契約をそのまま解除するものです。他には、引き渡しまでに災害などが起き、物件がその形を維持できなかった場合の解約などがあります。

どちらかの都合による解約

契約者のどちらか片方の都合による解約の場合には、違約金として、事前に契約書に記載したお金を支払います。契約を結び引き渡しを行うまでの間に、買い手は手付金を支払いますが、片側の都合で解約を行う場合には、その手付金のやりとりをします。

一般的に、買い手側が解約を申し出る場合には、すでに支払った手付金を手放します。

一方で、売り手側が解約を申し出る場合には、すでに受け取った手付金の倍額を買い手側に支払います。

のちにトラブルにならないように、事前に契約を解除する際の内容も確認しておきましょう。

解約するときの条件

解約時の一般的なお金のやりとり

ローン特約

- 銀行などでローンが借りられなかった場合の条件
- 手付金はそのまま返してもらう

手付金のやりとりをする解約

- 買い手の都合で解約する場合には手付金を手放す
- 売り手の都合で解約する場合には手付金の倍額を受け取る（結果的に手付金と同額がもらえる）

災害などの発生による解約

- 災害などで物件に被害が出た場合の条件
- 手付金はそのまま返してもらう

Point

解約のつもりがないのが通常だが、万が一を想定して条件を詰めよう

07 物件以外にかかるお金を知っておこう

物件以外にかかるお金

不動産を買うときに、物件以外にかかるお金を「諸費用」と呼びます。諸費用は、仲介手数料がかかる場合には、物件を買う金額のおよそ7%、仲介手数料がかからない場合には4%が相場だといわれています。

どのくらいの金額がかかるかは、物件や条件によって異なるため、契約の前によく確認しておきましょう。

事前に不動産会社に何の項目でいくらかかるのかを聞いて、表にまとめて計算しておきましょう。

もし、試算表を不動産会社が用意してくれる場合には、内容を鵜呑みにするのではなく、自分でも計算するようにしましょう。

かかるお金を確認しよう

諸費用には、主に仲介手数料や、司法書士への手数料、印紙代などがあります。また、ローンを借りる場合には、ローンを設定するための手数料や税金がかかります。

他にも、火災保険などの保険料や、管理やリフォームのための出費も準備しておきましょう。

かかるお金を計算して、手元にあるものからあてる資金と、ローンを借りる資金を計算しましょう。

買い手がもらえるお金もある

一方で、中古物件の場合には入居者の支払い済みの家賃を日割りして、一部を受け取れたり、賃貸の契約時に預かっている敷金を引き継いでもらえたりする場合があります。

諸費用は、買った年の確定申告でも経費にできるものがあるので、領収書は保管しておき、支払った金額も記録しておくようにしましょう。

物件以外にかかるお金

一般的に物件を買う全額の約7%が諸費用としてかかる

分類	費用	詳細
手数料	仲介手数料 ※取引様態が仲介の場合	仲介会社に支払う報酬 物件金額×3%＋6万円＋消費税 ※物件金額が400万円未満の場合は最大18万円
	ローン保証料・手数料	ローン手続きの手数料 数万円〜ローン金額の数%
	司法書士手数料	登記手続きの手数料 約5万円
税金	印紙代	契約書（売買、ローン）に貼りつける印紙代 金額ごとに規定あり 〜数万円程度
	登録免許税	所有権の保存や移転、抵当権設定を登記する際にかかるお金 （保存）固定資産税評価額×0.15% （売買）固定資産税評価額×0.3% （抵当権設定）ローン金額×0.1% ※2020年3月までは軽減税率が適用される
	不動産取得税	不動産を取得した際にかかる税金 固定資産税評価額×3% ※通常引き渡し後4〜6カ月後に案内が届く
	固定資産税	売り手側が1月1日付けで支払っているため、残日数を日割りで計算して支払う
保険料	火災保険、 団体信用生命保険	ローンを借りる場合に、銀行などから加入を求められる場合がある
管理	リフォーム、鍵交換	物件に合わせてリフォームや鍵の交換を行う
	管理費	• 通常は家賃の約3〜5%が毎月かかる • マンションの場合は、全体の管理費として家賃の1〜2割ほどが毎月かかる

Point

費用は事前に計算して、
ローンを借りる金額を明確にしよう

08 ローンの仕組み

ローンって何？

不動産投資では、多くの場合は銀行などからローンを借りて物件を購入します。**不動産投資ではマイホーム用の住宅ローンは借りられないため**、不動産投資ローン（アパートローン）、または事業用ローン（プロパーローン）と呼ばれるローンを借ります。

このとき、ローンは、買うお金の一部または全部を借りることができます。ローンでは、物件を買いたい人と物件の評価をもとに、銀行などが審査を行い、借りられるお金を計算します。

ローンを借りると銀行などには利子を支払います。利子の割合を金利と呼んでいます。1年間で支払う利子は、借りる金額を大きくするほど、期間を延ばすほど、金額が高くなり、返済の負担になってきます。

ローンを扱う銀行など

ローンを扱う銀行などには、いくつかの種類があります。メガバンク、地方銀行、信用金庫、信託銀行、商工組合中央金庫、日本政策金融公庫、ノンバンクなどです。窓口に直接問い合わせて訪問することもできますが、不動産会社が紹介してくれる場合もあります。

それぞれ、物件や人の評価方法がさまざまで、借りられる金額の上限や、金利などが異なります。**一度、断られたとしてもあきらめずに、いくつかの銀行に相談して、有利な条件を探しましょう。**

通常、審査には2週間ほどかかります。そのため、売買契約を結んだらすぐに、必要な書類を用意して、銀行に打診をしましょう。

ローンの仕組み

ローンの種類

用途	ローンの種類	呼び方	特　徴
住宅	マイホーム用	住宅ローン	• 金利が安い • ローンが借りやすい
投資	不動産投資用	• 不動産投資ローン • アパートローン	• 金利が高い • ローンが借りづらい
	事業投資用	• 事業用ローン • プロパーローン	

主な銀行などのローンの特徴

種　類	主な例	金　利	借りやすさ
都市銀行（メガバンクなど）	三菱UFJ銀行 みずほ銀行 三井住友銀行	◎	△
地方銀行 第二地方銀行	横浜銀行 千葉銀行 静岡銀行	○	○
信用金庫、信託銀行、信用組合	城南信用金庫 西武信用金庫	○	○
ノンバンク ※預金業務を行わないためノンバンクと呼ばれる	三井住友トラストローン&ファイナンス	△	◎
政府系	日本政策金融公庫	◎	△
	商工組合中央金庫	○	△

傾向として

- 都市銀行は、金利が低いが、手持ち資金が必要で審査が厳しい
- ノンバンクは、審査は甘いが、金利が高い

Point

ローンの審査で決まる条件はさまざま。有利な条件がないか、比べてみよう

09 ローンはいくら借りられるのか？

ローンを借りられる期間

銀行の審査は、相場や人によって異なるため、いくら借りられるのかは公開されていません。しかし、一般的な基準として、簡易的に試算することができます。

ローンを借りられる期間は、**借りる人が完済するまでの年齢と建物の耐用年数の残年数の、いずれか短いほうの期間**といわれています。年齢は、現在の基準では80歳のため、80歳から現在の年齢を引いた残りの年数が、借りられる期間の上限となります。一方で、建物による期間は、建物の耐用年数の残りの年数から計算されます（第2章6節参照）。

これによって、ローンの期間が見積もれます。

借りられる金額を試算する

次に、月々の返済金額から借りられる金額を試算します。**1年間の返済金額は、年収の3分の1以下に抑えるのが目安だといわれています。**

そのため、たとえば年収が３６０万円の場合は、月々の返済金額の上限は、３６０万円÷12÷３で10万円が目安になります。なお、銀行などによっては、買う物件の想定する家賃に一定の割合を掛けて年収に追加して評価しています。

そこで、**自分が借りられそうな金利や返済できそうな金額を想定することで、ローンで借りられる金額の目安が算出できます。**

金利の計算は複雑ですが、インターネット上や表計算ソフトなどでも計算することができます。物件は空室になる期間もあるため、月々の返済に無理がないかを十分に確認しましょう。

金利と月々の返済額の例

借りる金額と金利によって変わる月々の返済額
（20年間借りる場合）

借りる金額＼金利	1%	2%	3%	4%	5%	6%
500万円	¥22,995	¥25,294	¥27,730	¥30,299	¥32,998	¥35,822
1,000万円	¥45,989	¥50,588	¥55,460	¥60,598	¥65,996	¥71,643
1,500万円	¥68,984	¥75,883	¥83,190	¥90,897	¥98,993	¥107,465
2,000万円	¥91,979	¥101,177	¥110,920	¥121,196	¥131,991	¥143,286
2,500万円	¥114,974	¥126,471	¥138,649	¥151,495	¥164,989	¥179,108
3,000万円	¥137,968	¥151,765	¥166,379	¥181,794	¥197,987	¥214,929

（色付きの枠）は年収360万円の場合の月々の返済額の目安

借りる年数と金利によって変わる月々の返済額
（1,000万円借りる場合）

借りる金額＼金利	1%	2%	3%	4%	5%	6%
20年	¥45,989	¥50,588	¥55,460	¥60,598	¥65,996	¥71,643
25年	¥37,687	¥42,385	¥47,421	¥52,784	¥58,459	¥64,430
30年	¥32,164	¥36,962	¥42,160	¥47,742	¥53,682	¥59,955
35年	¥28,229	¥33,126	¥38,485	¥44,277	¥50,469	¥57,019
40年	¥25,286	¥30,283	¥35,798	¥41,794	¥48,220	¥55,021

Point

ローンの年間の返済金額は、
年収の3分の1以下に抑えるのが目安

10 ローンの審査では何を見られるの？

ローンで審査される項目

ローンの審査で見られるものは、主に物件と買主についてです。いずれも銀行の独自の基準で審査されますが、物件に関しては原価法や取引事例比較法、収益還元法などの評価が目安とされています（第2章6節参照）。また、人の評価に関しては、年収や借り入れ、手持ち資金や金融資産などの資産の状況、勤務先や勤続年数、雇用形態、その他にも家族構成や現在の住居などが審査の項目といわれています。

借りやすい人、借りにくい人

一般的には、人に関しては、職業であれば公務員、次いで上場企業の正社員、などといった順に評価が高いといわれています。勤めている会社がどのような会社か、どのような雇用形態かなどを見て、審査をしています。

年収や勤続年数は長いほうが良いといわれています。しかし、個人事業主や学生、主婦などでも、それだけで借りられないというものではありません。

他にも個人の資産として、現金、金融資産、他の不動産があるかも評価に影響があります。他に不動産やローンがある場合には、その不動産の価値と残りのローンの支払金額をもとに、いくらまでローンを追加で借りられるかが判断されます。家族や配偶者の評価が加えられることもあります。

一方で、**過去に税金や社会保険料、公共料金やクレジットカードの支払いの遅れや、消費者金融などからの借り入れがある場合には、不利になります**。

ローンの審査で見られるもの

ローンの審査で有利な条件

カテゴリ	項　目	有利な条件
人	勤務先	安定しているほど有利 (公務員、上場企業の正社員などは高い)
	年収	高いほど有利
	金融資産	• 価値が高いほど有利 • 収入に対して適切に資産があるほど有利
	家族	保証できる家族がいるほど有利
	他からの借り入れ	他からの借り入れが少ないほど有利
	保証人	保証できる立場ほど有利
物件	物件の情報	• 物件の価格が低いほど有利 • 物件の評価が高いほど有利
	購入資金の内訳	ローンに頼りすぎないほど有利

※審査基準は銀行などにより異なるため、あくまで目安

ローンの審査で不利になるもの

個人の信用情報は専用のシステムに登録されている

- 税金や社会保険料の滞納
- 公共料金やクレジットカードの支払いの遅れ
- 消費者金融などからの借り入れ

Point

ローンの審査では、人や物件を評価する銀行などによって審査基準が異なる

11 ローンの種類を選ぼう

ローンの金利の種類を選ぶ

ローンを借りるときには、いくつかの条件を選択することが可能です。

まずは、固定金利と変動金利についてです。金利をあらかじめ決めた金額でずっと支払う固定金利か、情勢に応じて変動する金利に合わせて支払う変動金利かを選ぶことができます。

今後、**金利が上がりそうだと考える場合には固定金利が有利ですが、固定金利は銀行側も今後の情勢が変わることを読み込んで、変動金利よりも高めに金利設定しています。**

また、固定金利と変動金利の間をとって、3年固定、5年固定、10年固定という形で、最初の期間は固定で、その後は変動になる金利の組み方や、固定部分と変動部分を一定の割合ずつ交ぜたものもあります。

ローンの返済の種類を選ぶ

ローンでは、同じ金額を借りたとしても、月々の返済の方法には2つの種類があります。元金均等返済と元利均等返済という方法です。元金均等返済は、借りる金額である元金を一定の金額で返済し、それに伴う利子を支払っていく方法です。返済開始時に多くの利子を支払う必要がありますが、利子を早めに返済することで、時間の経過とともに月々の支払金額が減っていきます。一方で、元利均等返済は、元金と利子をあわせた全体の金額を、均らして返済する方法です。**常に一定金額の返済になるため、返済の計画が立てやすいです。**

なお、銀行などによっては、ローンの種類が限られている場合もあります。

選べるローンの種類

固定金利と変動金利

固定金利

借り入れた当初の金利が
全期間変わらない

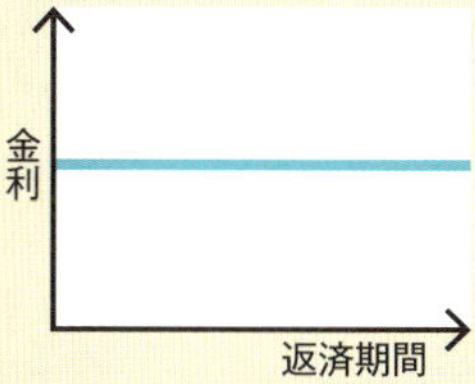

変動金利

返済期間中、定期的に
金利が見直される

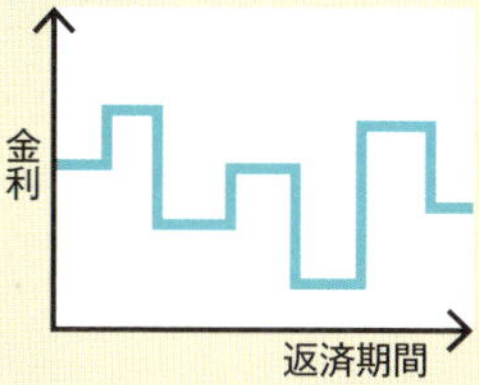

**固定金利は毎月の支払いが確定するため比較的安心。
金利の動向を予測して、自分に合った金利を選ぼう**

元金均等返済と元利均等返済

元金均等返済

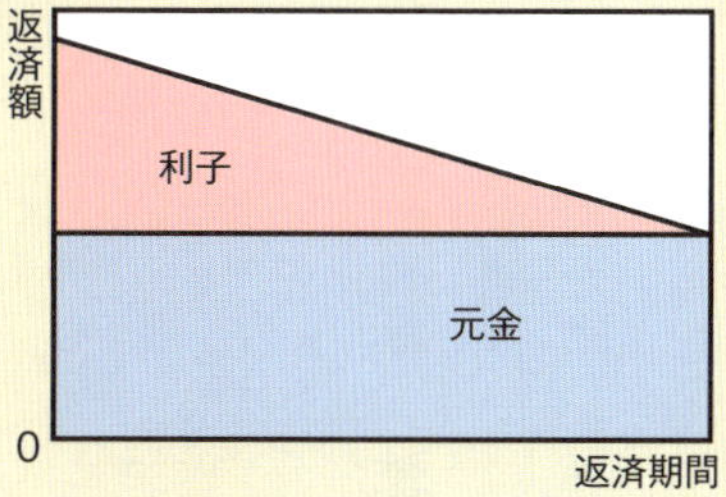

- 返済総額は少ない
- 初めの支払額が多い

元利均等返済

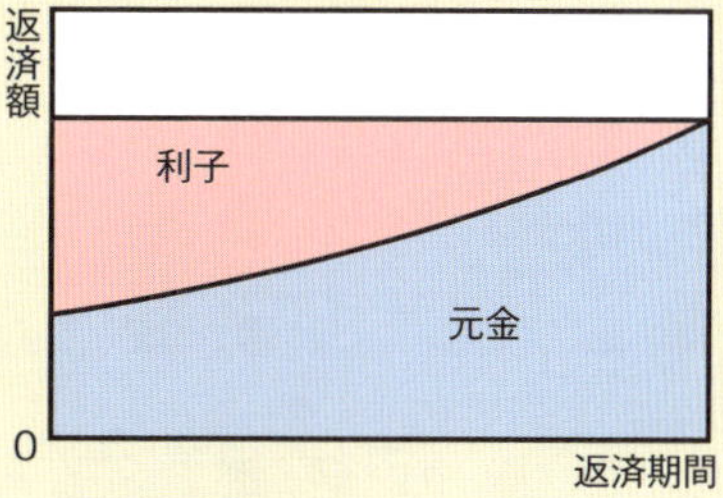

- 返済総額は多い
- 月々の返済金額が一定

Point

**自分に合った金利や返済の方法を選んで
計画的にローンを返済しよう**

12 ローンを借りる契約をしよう

ローンを借りる流れ

ローンを借りるときには、一般的に審査が2段階あります。それぞれ事前審査（仮審査）と本審査と呼ばれていて、事前審査で内定をもらったあとに本審査の申請を行い、そのあと、本審査を通過した場合に、ローンの契約が成立します。

ローンを借りるときの契約書

ローンが決まったら、「金銭消費貸借契約書」と「抵当権設定契約書」を結びます。**抵当権設定契約書は、ローンを返済できなくなった場合に、物件を引き渡すという契約書**です。このとき、抵当権を設定した物件のことを担保と呼びます。

あわせて「火災保険質権設定契約書」を結ぶ場合もあります。こちらは、**物件に火災などが発生した場合に、火災保険の保険金は銀行などが先に受け取るという内容**のものです。

審査や契約に必要なもの

ローンの契約に必要なものは、主に本人を確認するための資料と、審査に必要な資料に分かれています。

審査に必要な資料としては、金融資産の種類と金額を記載した表、預金通帳のコピー、源泉徴収票3年分、確定申告書3年分です。また、所得の証明書、納税証明書なども必要になる場合があります。

法人の場合は、決算書、損益計算書、貸借対照表が必要になります。個人でも、個人事業主や、中小企業の経営をしている人は、3期分の決算書の提出を求められる場合があります。マイホームやマイカーなどですでにローンを借りている場合は、返済予定表も合わせて提出します。

ローンを借りる契約

審査に必要な書類の例

事前審査（仮審査）

- 仮審査の申込書
- 本人確認書類（運転免許証や保険証、パスポートなど）
- 源泉徴収票（または確定申告書）3年分
- 給与明細書、賞与明細書のコピー
- 返済予定表（他にローンがある場合）
- 金融資産証明書類（通帳のコピーなど）
- 住民票（現住所の自治体の役所、郵送でも入手可能）
- 印鑑証明書
- 納税証明書（必要に応じて、税務署で手に入る）
- 物件資料

本審査時

- 不動産登記簿謄本
- 不動産売買契約書
- 重要事項説明書
- 図面
- 賃貸契約書（入居者がいる場合）
- 印紙

住民票や印鑑証明書などは取得に手間がかかるため、あらかじめ余分に用意しておこう

Point

銀行に提出する資料は非常に多いので、忘れずに準備しておこう

13 引き渡し後の不具合の対応

欠陥があとから発覚した場合

不動産は、契約のときにはわからなかった欠陥があとから発生する可能性があるため、たとえ売買が成立したあとであっても、不具合が発生した際に売り手側が補償し、負担を行うことが法律で定められています。この責任については「瑕疵担保《かしたんぽ》責任」と呼ばれます。

通常は、**中古物件の場合は、不動産会社が売り手の場合には2年間、新築物件や注文住宅の場合には、基礎部分に関しては10年間の保証期間が義務づけられています**。個人の場合には、不具合が発覚してから1年以内に補償する決まりです。**瑕疵担保責任は、たとえ故意ではなく、知らなかったとしても責任を負う義務です。**ただし、特に個人間で売買する場合には、契約書の特記事項に、不具合として保証する具体的な範囲や期間を明記します。あるいは、「瑕疵担保責任は免除する」という旨を記載して、今あるものをそのまま引き渡して、その後に不具合が発生しても一切補償をしないという契約をする場合があります。

不動産会社から買った場合

不動産会社が自分で所有する物件を販売する場合には、会社が瑕疵担保責任を負うことが法律で定められています。中古物件を不動産会社が購入し、自社でリフォームをしたものを再度販売した場合にも、瑕疵担保責任は会社側につきます。

これは、不動産を買う側の立場を守るためのルールのひとつです。不具合が出るのは、引き渡しからしばらく経ってからが多いです。資料は大切に保管しましょう。

引き渡し後の不具合の対応

瑕疵担保責任の決まり

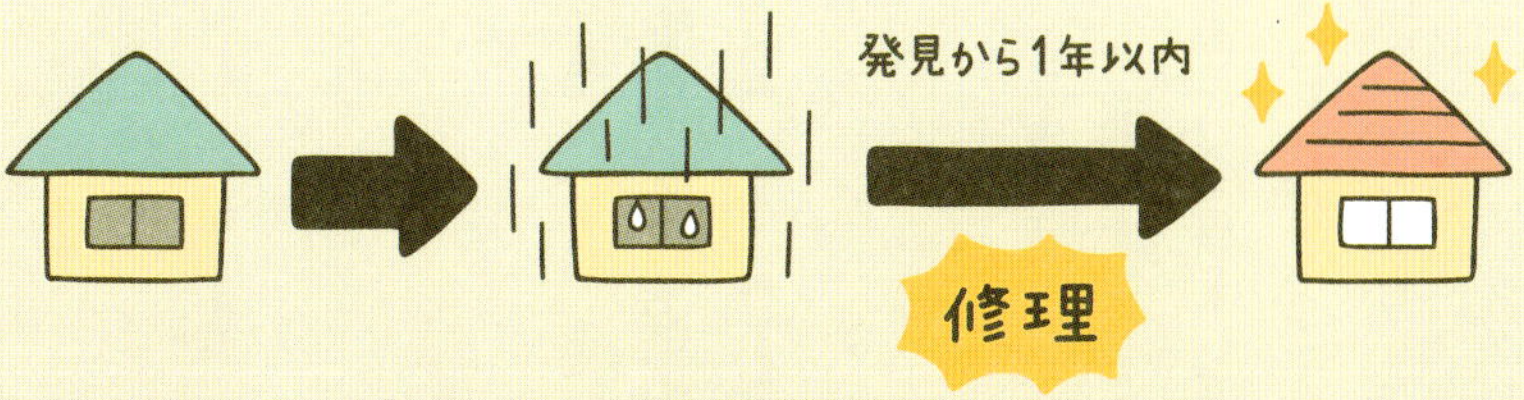

瑕疵担保責任に含まれるもの

雨漏り　シロアリ被害　構造に関する欠陥　給配水管設備の損傷

瑕疵担保責任が適用される期間

2年間	不動産会社が売っている場合
10年間	新築や注文住宅の場合（基礎部分に限る）

※個人が売っている場合には、契約書で期間を指定する（通常は1〜3カ月）

Point

たとえ引き渡しをしたあとでも
不具合を売り手が補償する決まりがある

14 万一に備えて保険に入ろう

ローンの契約のときに入る保険

不動産に関する保険には、主に買い手に対する保険と、建物に対する保険があります。買い手に対する保険には「団体信用生命保険」があります。略して団信《だんしん》と呼ばれますが、ローンの返済中に、契約者が死亡した場合や、日常の生活に大きな支障をきたすような高度な障害をわずらってしまった場合に、ローンの返済ができなくなってしまうことから、生命保険の会社が本人に代わってその時点でのローンの残金を支払うという保険です。

保険料が割安で、加入する年齢による保険料の差がないため、他の一般的な生命保険の代わりになることから人気です。ただし、団体信用生命保険に入るためには、健康である必要があり、事前に健康診断を行います。また、一般的には補償金額は1～3億円が上限となっています。

火災保険や地震保険

一方で、物件に対する保険としては、火災保険や地震保険などがあります。火災保険はローンの契約をする際に、加入を求められることがあります。火災保険には、追加で特約を付けて盗難や水漏れなども補償の対象に含む住宅総合保険や、地震もあわせて対象とする地震保険、他にも、復旧までの期間の補償まで行う家賃損失補償特約というものもあります。

保険には、扱う会社や商品の種類が多く、条件や価格に大きな差があるので、自分でいくつか探して、見積もりをとって比較するのがおすすめです。保険料の金額とリスクとのバランスを踏まえて検討しましょう。

不動産に関する保険

主な保険	補償内容
団体信用生命保険 	• 契約者が死亡した場合や、高度な障害が起きたときに、ローンの返済が補償される • 補償の上限は1～3億円 ※開始時のみで、あとからの加入はできない
火災保険 	• 火災が対象 • 追加で、盗難や水漏れなども含む住宅総合保険や、災害から復旧するまでの家賃を補償するもの、入居者のケガなどを補償するものもある
地震保険 	• 火災保険に入ることが前提 • 補償限度は、建物が5,000万円、家財が1,000万円までと決まっている
まもりすまい 	• 住宅保証機構が提供している • 既存住宅保険、リフォーム保険、大規模修繕瑕疵保険、住宅完成保証制度などがある

Point

保険は種類や追加できる内容が多い
自分に合った保険を選ぼう

COLUMN

家族の理解を得ておこう

不動産は大きい買い物のため、たとえ自分ひとりで買う場合でも、配偶者や親子、兄弟などの家族に心配をさせないように、事前に相談をしておきましょう。

自分だけの視点ではなく、さまざまな視点で物件を見ることは、不動産の購入でも役に立ちます。また、家族の協力があると、ローンの条件が有利になったり、節税がしやすくなったりします。

読書やセミナー、物件探しを一緒にしよう

ローンや節税で、有利になることも

CHAPTER 5

第5章

物件の「リフォーム」と「管理」

01 物件を買ったあとはどうするの？

購入後のリフォームと管理

物件の購入後には、必要に応じてリフォームと管理を行います。リフォームと管理は、物件の規模によって行うことが異なります。**入居者に長く住んでもらいながら、建物の資産価値を高く保ちましょう。**

1棟の場合と1部屋の場合

一戸建てやアパートなどの1棟の物件の場合には、部屋の中のみでなく、外壁や屋根、エントランスや廊下、ベランダなどの共有で使用する部分も対象となります。日ごろの掃除やメンテナンス、リフォームでは大小さまざまな、設備の交換や塗り直しなどを行います。

一方で、マンションなどの集合住宅で、部屋のみを所有している場合には、全体の管理やリフォームは、管理会社が行います。そのため、手間はかからない一方で毎月の管理費や修繕積立金を支払います。

部屋の中に関しては、入居者の入れ替わりのときの鍵の交換やクリーニングはもちろん、給湯器の交換や水回りのリフォーム、消防設備の点検や交換などが必要です。

突発的に、換気扇やエアコン、水道やガス、電気などの調子が悪くなることもあります。

リフォームの時期を決めよう

リフォームでは、事前に実施の計画を立てておくことが大切です。また、大規模なリフォームでは、劣化状況や節税を踏まえて戦略的に時期を決める場合もあります。

なお、リフォームでは売るときの報告を見据えて、写真や領収書などを残しておくことがおすすめです。

物件のリフォームと管理

不動産投資の概要を知る 巻頭特集 第1章

❶買う

物件を探す 第2章
物件を見極める 第3章

▼

物件を買う契約をする 第4章
（ローンを探す） 第4章

❷運用する

（リフォーム） 第5章

▼

（管理） 第5章

▼

（賃貸） 第6章

❸売る

会社を探す 第6章

▼

買い手を探す 第6章

▼

物件を売る契約をする
（ローンを返す） 第6章

（お金を管理する） ローンを返済する　節税する 第7章

（仲間を探す） 第7章

※建物を建てる流れは第3章コラム参照
※相続する、解体する流れは割愛

Point

リフォームや管理も事前に計画して必要に応じて、専門の会社に依頼しよう

02 リフォームは何をするの？

リフォームの計画を立てよう

リフォームは、物件や状況、実施する場所によって金額が大きく変わります。そのため、**どの時期にどの箇所にどの程度の劣化が進み、リフォームにおよそいくらの金額がかかるのか、相場観を知っておきましょう**。

なお、中古物件を買う場合には、リフォームの履歴を聞いておくと良いでしょう。買ったあとにリフォームにかかるお金を予測できるようになれば、物件を買うときの価格の交渉でも有利です。また、もし物件を買ってすぐにリフォームを行いたい場合には、空室の期間を少しでも短くするために、引き渡しの期間までに、売り手側にお願いして、リフォーム会社に見積もりに来てもらうなどして、すぐに工事ができるように手配を進めましょう。

戦略的にリフォームをしよう

リフォームを投資ととらえて、**利回りを上げるリフォームをするためには、安くて効果のあるものから順番に行うことが大切です**。おすすめは、照明やスイッチカバーの交換などです。蛇口、シャワーヘッド、インターホンの交換、ウォシュレットの設置、洗面台、畳をフローリングに変えるなどは、そこまでお金がかからず、物件の価値を感じる効果が大きいです。

あえてコンセプトを打ち出して、大規模なリフォームをすることによって他の物件との差別化を図ることもできます。

リフォーム会社に見積もってもらいながら、金額や時期を自分で決めて計画的にリフォームをしましょう。

リフォームの種類

リフォームの時期と金額の目安

リフォーム箇所		時期の目安	金額の目安
キッチン	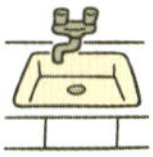	15年	30万円
風呂・浴室		15年	30万円
トイレ		15年	20万円
洗面所		15年	10万円
屋根・塗装		20年	100万円
床・壁紙		5年	20万円
外壁		15年	30万円
窓		25年	10万円
玄関	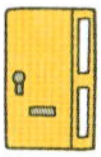	20年	10万円

※実際には物件や状況により大きく異なる

Point

リフォームの相場を知っておいて
計画的なリフォームをしよう

03 リフォーム会社の探し方

リフォーム会社の見つけ方

リフォーム会社は、不動産業界の中では、比較的資格のない人でも始めやすい業種です。また、少人数でも営業ができることから、悪質な業者がいることがあります。

そのため、リフォームの会社を選ぶときには、信頼できる会社を見つけることが大切です。

リフォーム会社は、**自宅まで通ってもらいやすいように、車で30分以内の距離にある会社を選ぶと良いでしょう**。インターネットや雑誌、チラシなどでも探すことができます。

大規模なリフォームの場合には、専門的な知識やデザインなどの設計力が必要となってきますので、建築設計事務所や専門の会社も、検討の候補の中に入れましょう。規模が大きく実績があり、資本力のある会社が安心です。

リフォームを安くするために

リフォーム会社は、管理会社を通してお願いできる場合もありますが、紹介料がリフォームの費用に上乗せされるため割高になることがあります。

リフォームを安く抑えたい場合には、小さな会社や職人さんに直接、発注する方法があります。ただし、職人さんたちは、個人の都合で動く可能性や、業界や制度の変化に敏感でない方もいるため注意が必要です。他にも、あらかじめ設備や材料が決まっている場合には、自分で購入しておく方法や、自分でも部分的にDIYをする方法もあります。また、減税や補助を受けられることもあるため、行政のホームページを確認しましょう。

リフォーム会社の探し方

リフォーム会社の種類と特徴

リフォーム会社の種類	特　徴
地元	割安だが、資本力に不安
大手	資本力があり安心だが、割高
大規模リフォーム専業	設計士やデザイナーなどがいる

リフォームの費用を抑えるためには

❶職人さんに直接お願いする

❷材料を購入しておく

❸DIYする

※ただし、失敗して出費が増えてしまうリスクもある

❹減税や補助金を受ける

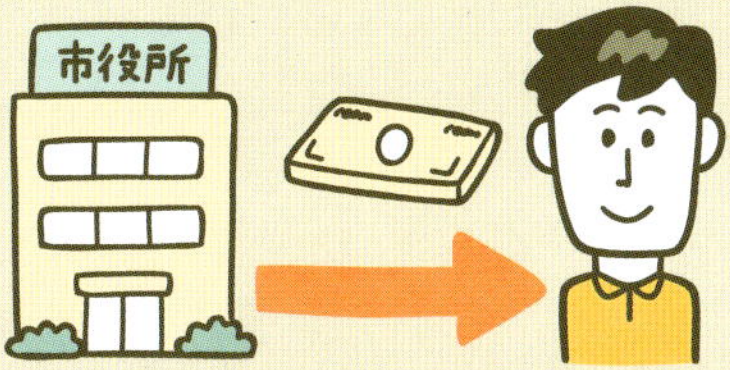

Point

リフォームの会社もさまざま
自分に合ったリフォーム会社を探そう

04 リフォームの契約

リフォームの見積もり

リフォームを行う際には、**工事の前にリフォーム会社に見積もりをとりましょう**。

リフォーム会社からは、実際に担当者に家に来てもらい、事前にリフォームする場所を見てもらいます。担当者は写真などを撮って、設備の費用と職人さんの賃金をもとに、リフォームの費用を見積もります。基本的に、見積もりを行ってもらうこと自体は無料です。

そのため、リフォームでは、複数の会社に見積もりをとってもらって比べる、相見積もりという方法をとることがあります。相見積もりでは、工法や金額、施工会社との相性などで会社を選びます。

リフォームの契約

リフォームの内容と会社が決まると、実際に契約をしてリフォームを行います。金額の大きさによっては、工事の前後など、何回かに分けてお金を支払うことがあります。

また、リフォームでは、工事の状況によって、途中で新たな不具合が見つかり、金額や日数が予定よりもかかることもあります。あとから大きなトラブルにならないように、見積もりの段階から、そのような可能性があるかも含めて、リフォーム会社に状況を聞いておきましょう。

また、追加で工事が発生した場合でも、**工事の内容は、のちにトラブルにならないように必ず書面で残しましょう**。

外壁や廊下などの共用部を工事する場合で、入居者がいる際には、リフォームの日にちを事前に手紙や掲示物などでお知らせしましょう。

リフォーム会社の探し方

リフォームの見積書の例

作成日　2019年1月21日

住宅リフォーム工事
御見積書

かもめ 太郎　様

株式会社　つばめリフォーム
住所　東京都千代田区つばめ3-3
担当者　つばめ 次郎　印

項目	商品	単価	数量	金額
1. キッチン工事				
解体撤去		50,000円	一式	50,000円
システムキッチン	L社-123456	250,000円	1セット	250,000円
取付工事費			一式	50,000円
給排水工事			一式	20,000円
仮設工事費				20,000円
廃材処分費				20,000円
諸経費				20,000円
		合計（税込）		430,000円

印鑑が押されているか

商品の金額は妥当な金額か

諸経費は妥当な金額か

職人の人数や作業時間によって変動する

相見積もりの例

2〜3社から見積もりをとって比べることがある（相見積もりという）

地元の職人中心

大手系列

デザイン派

Point

リフォームの相場を知っておいて効果的なリフォームをしよう

05 管理会社がやってくれること

管理会社の仕事

管理会社の仕事は、**主に入居者の募集や入居後の対応、定期的な清掃や、設備の点検などがあります**。

急な見学の対応や、トラブルの対応で駆けつけやすいように、管理会社は物件から近い会社や、休日にも営業している会社がおすすめです。

会社によって、手厚さや傾向は大きく変わるので、問い合わせをしてみて、判断をすることが大切です。**問い合わせへの対応がそのまま、入居者への対応にも近いことがあるので、良し悪しを見極めましょう。**

中古の場合で、すでに売り手側がお願いしている管理会社がある場合は、そのまま引き継ぐことも、様子を見て解約をすることもできます。

どこまでの管理を行うか？

管理費は、基本的な管理のみを行う場合には家賃の3～5％ほどだといわれています。

管理を完全に任せる方法として、サブリースという方法があります。サブリースは管理会社側で入居者を探して、また貸ししてもらうというものです。一般的に家賃の10～15％ほどの金額がかかりますが、途中で契約の条件が変わってしまう可能性もあり、注意が必要です（第1章10節参照）。

他にも、管理については誰にも任せず、自分で管理する自主管理という方法もあります。

管理会社のサービスは、内容や金額を見ながら、メニューを選ぶことが多いです。予算を伝えておくことで、共用部分の電球交換などの小さな対応は、その都度指示を出さなくても行ってもらうことができます。

管理会社の主な仕事

主な仕事	内　容
入居者募集の準備	図面の作成
	入居者募集の準備、入居希望者の審査
	仲介会社への募集依頼
	家賃の金額の提案
入居者とのやりとり	入居や退去の契約手続き
	家賃回収、滞納者への催促
	入居者や近隣からのクレーム対応
	設備のトラブル対応
清掃	定期的な清掃
	退去時のクリーニング
設備の管理	設備の点検、検査
	小規模な設備交換やリフォーム

管理会社の種類と特徴

管理会社の種類	特　徴
仲介兼業	募集への連携がしやすいが、管理が手薄の場合もある
管理専業	管理が手厚いが、仲介への連携がしづらい
地元	管理が手厚いが、最新の情報を知らないことが多い
大手	最新の情報を知っているが、管理が手厚くないことが多い

Point

管理会社がやってくれることはさまざま
自分に合った管理会社を選ぼう

COLUMN

建物を調査してもらおう

不動産の価値を正しく見極めるために、専門家である第三者に建物状態調査（インスペクション）をお願いする方法があります。

建物状態調査とは？

国土交通省が指定した専門的な講習を修了した建築士が行います。

木造戸建て住宅の場合

2階建ての場合の骨組（小屋組、軸組、床組）などの構成

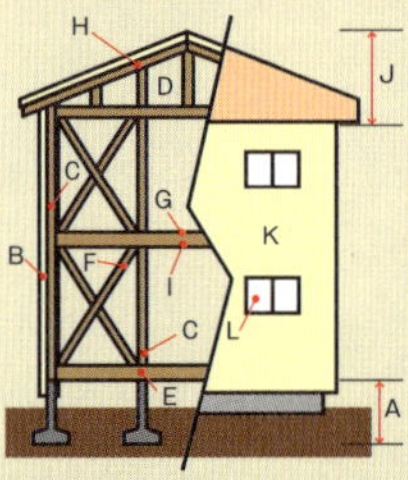

【構造耐力上主要な部分】

基礎	A
壁	B
柱	C
小屋組	D
土台	E
斜材	F
床版	G
屋根版	H
横架材	I

【雨水の浸入を防止する部分】

屋根	J
外壁	K
開口部	L

鉄筋コンクリート造共同住宅の場合

2階建ての場合の骨組（壁、床版）などの構成

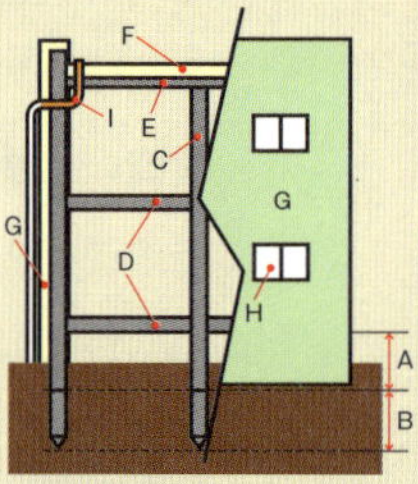

【構造耐力上主要な部分】

基礎	A
基礎ぐい	B
壁	C
床版	D
屋根板	E

【雨水の浸入を防止する部分】

屋根	F
外壁	G
開口部	H
排水管	I

出典：http://www.mlit.go.jp/common/001219899.pdf

調査を依頼するタイミングは？

売り手

不動産を売りに出す
媒介契約を結ぶ前後

買い手

買付証明書を送り、
売買契約書を結ぶ前

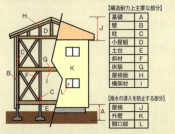

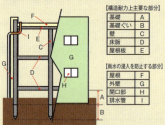

CHAPTER 6

第6章

物件を貸すとき、売るとき

01 物件を貸すときの流れ

空室はすぐに埋めよう

新築や、中古の空室の物件を買う場合には、自分で入居者を探す必要があります。その場合は、**引き渡し後すぐに賃貸の募集に動きましょう。**

管理会社によっては、同じ会社内に仲介部門があったり、提携している仲介会社があったりします。自分でSNSを活用したり、人づてで紹介してもらったりして、入居者を探す方法もありますが、一般的には賃貸の仲介会社にお願いをして、入居者の募集を行います。すでに管理会社が決まっている場合は、管理会社に賃貸の募集をしてもらえるかを相談してみましょう。

物件を買ったときにもらった販売図面に、想定する家賃と自分の連絡先を記入して、仲介会社を回ります。インターネットでも紹介をしてもらえるように、物件の写真もいくつか渡すと良いでしょう。

また、入居の希望者がいたときに、仲介会社にすぐに案内をしてもらうために、あらかじめ鍵を渡します。引き換えに鍵預かり証をもらいましょう。

複数の仲介会社に依頼する場合には、４桁の番号で施錠のできるキーボックスも有効です。ポストやパイプスペースなどの見えづらいところに置いて、仲介会社に番号を伝えると、いつでも見学をお願いできます。

入居の希望者に物件を案内して入居者の審査を行い、問題がなければ契約となります。

なお、募集は前の入居者の退去が決まったあとに、すぐ行って問題ありません。次の入居日を明確にして、その日までに部屋のクリーニングを行いましょう。

物件を貸すときの流れ

入居者が決まるまでの流れ

- 入居者の募集は、前の入居者の退去が決まったらすぐに行う
- 必要に応じてリフォームを行う
- 部屋の中を見ずに契約される場合もある（ハイシーズンなど）

Point

空室はとにかくすぐに埋めよう
退去が決まったらすぐに募集しよう

02

物件を貸すときの不動産会社との契約

専任媒介と一般媒介

仲介会社の仲介の方法には、「専任媒介」と「一般媒介」の2種類があります。媒介とは、仲介と同じ意味で、間に入り紹介することをいいます。専任媒介は、1社のみに専門として任せる方法です。一方、一般媒介は、複数の管理会社に依頼する方法です。

専任媒介は、窓口が1つになり、不動産会社とのやりとりがしやすいですが、**一般媒介のほうが、たくさんの店舗で入居希望者に紹介されやすいため、早く入居者が見つかる傾向にあります**。

良い不動産会社の見分け方

仲介会社を探すときは、自分の物件を借りたいような人たちが、実際に相談に行きそうな仲介会社を探しましょう。人通りの多い駅前や、自分が貸そうと思っている物件の近くにある仲介会社は、入居希望者が来店しやすいだけでなく、営業の担当者も、周辺の環境や家賃についての事情に詳しいのでおすすめです。

また、最近はインターネットで物件を探すことも多いため、ポータルサイトでたくさんの物件を掲載している仲介会社を探して、連絡をしてみるのも良いでしょう。

賃貸を依頼する契約書

賃貸を仲介してもらう会社が見つかったら、「不動産媒介契約書」を結びます。

業界の慣習として、仲介を依頼するときではなく、入居者が決まったあとに、入居者向けの契約とあわせて契約する場合が多いようです（第6章4節参照）。

貸すときの不動産会社との契約

専任媒介と一般媒介の違い

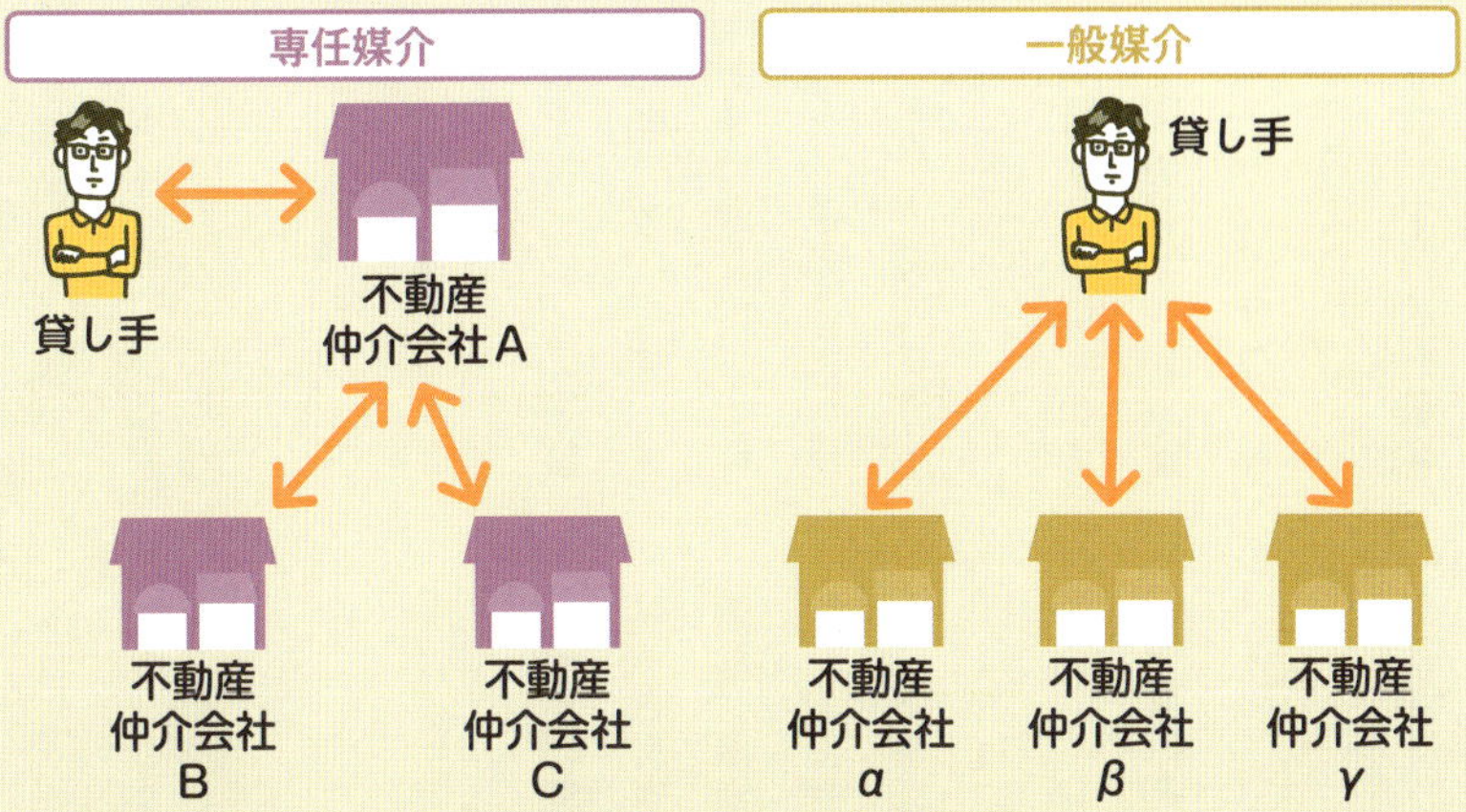

実際に物件を探す人の目線になろう

Point

**物件を探す人の気持ちになって
利用されやすそうな不動産会社を選ぼう**

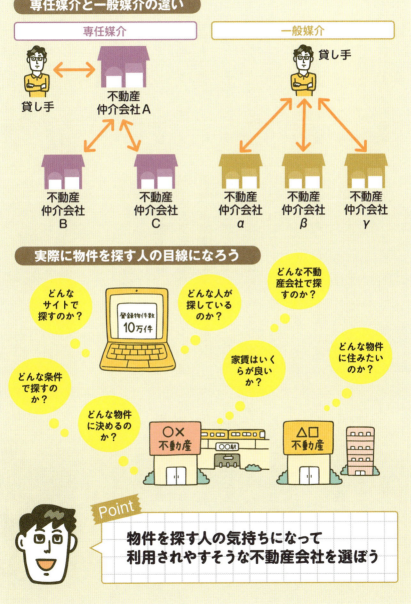

03 家賃はどうやって決めれば良いの？

周辺の家賃を参考に

家賃を決めるときは、周辺の家賃を参考にすることが一般的です。入居希望者は、同じような条件の物件を比べながら入居を決めるため、それに合わせた価格設定をするのが有効だからです。

自分で簡単に試算するには、ポータルサイトなどで周辺の物件の家賃を調べてみるやり方があります。その中で、**いくらの家賃にすれば、他の物件よりも選ばれやすいかをイメージしましょう。**

仲介会社にも相談しよう

家賃に関しては、その地域で実際に、さまざまな物件を仲介している会社が事情をよく知っています。

自分が想定していた家賃が妥当かを、営業担当に聞いてみましょう。

仲介会社によっては、問い合わせのあとに、家賃の金額の査定や、写真の撮影に来てくれる場合もあります。

敷金、礼金、更新料を決める

物件は、家賃に加えて、敷金や礼金、更新料も、相場を見ながら金額を決めていきます。地域によって慣習が異なるため、注意が必要です。

敷金は、入居者が家賃を払わない場合や、入居者負担のクリーニング費用を差し引いて、退去時に返還するもので、保証金と呼ばれることもあります。

礼金は、大家さんへの感謝のしるしで返還されないものといわれています。

更新料は、一般的には入居から2年後に契約書を更新するときの手数料のことで、通常は家賃の1カ月分の金額です。

家賃の決め方

家賃などの収入

種　類	発生タイミング	返　還	金　額
家賃	毎月	なし	―
敷金（保証金）	契約時	あり	家賃0～数カ月分
礼金	契約時	なし	家賃0～数カ月分
更新料	契約更新時 （通常は契約後2年ごと）	なし	家賃1カ月分

※地域によって名称や相場、慣習が異なる

周辺の家賃を参考に金額を決めよう

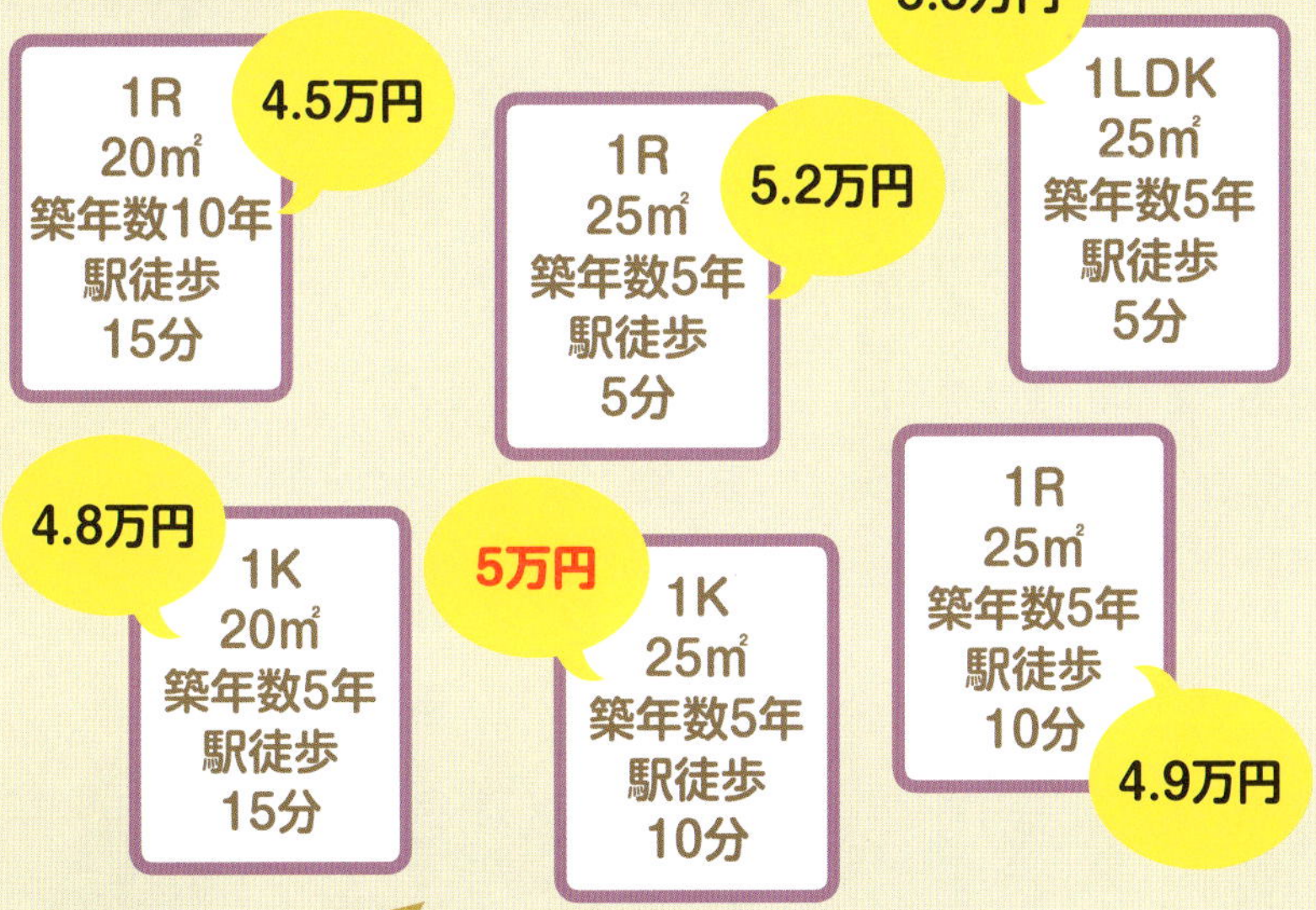

Point

周辺の家賃相場を見ながら
借りたいと思われる金額にしよう

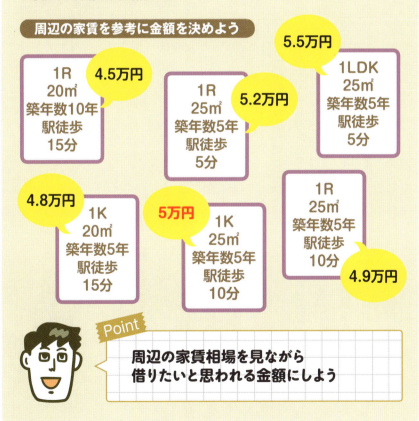

04 物件を貸すときの契約に必要なもの

物件を貸すときの契約書

入居希望者との契約では、入居の申し込みをもらい入居者の審査が終わり、入居が決まったときに初めて契約を結びます。

賃貸では、契約の条件が物件によって大きく変わらないことから、国土交通省が公開している「賃貸住宅標準契約書」や、仲介会社が作成する契約書のひな形を使用することが多いです。念のため内容に問題がないかを確認し、必要に応じて加筆や修正をしましょう。

賃貸で必要なお金

賃貸では、仲介の契約が決まったときに、仲介会社に仲介手数料を支払います。この金額は、住居の場合には家賃の1カ月分が上限と定められています。

しかし、**一般的には広告料という名目で、家賃の1～2カ月分を支払います**。広告料は「AD」とも略され、店頭やポータルサイトに掲載する予算として使われます。通常は、入居者から受け取った礼金をもとに広告料を支払います。なお、物件が店舗や事務所の場合には、金額の上限が変わることがあります。地域によって相場が異なることもあり、**トラブルにならないように、契約が決まる前に契約時の仲介手数料や広告料について確認しておきましょう**。

空室対策に向けた工夫や努力

募集を出しても入居が決まらない場合には、見学に備えて部屋をきれいにしたり、簡単なリフォームをしたり、家賃や敷金、礼金の金額を下げたり、一定期間を無料で賃貸したりします。

貸すときの契約で必要なもの

賃貸契約書の例

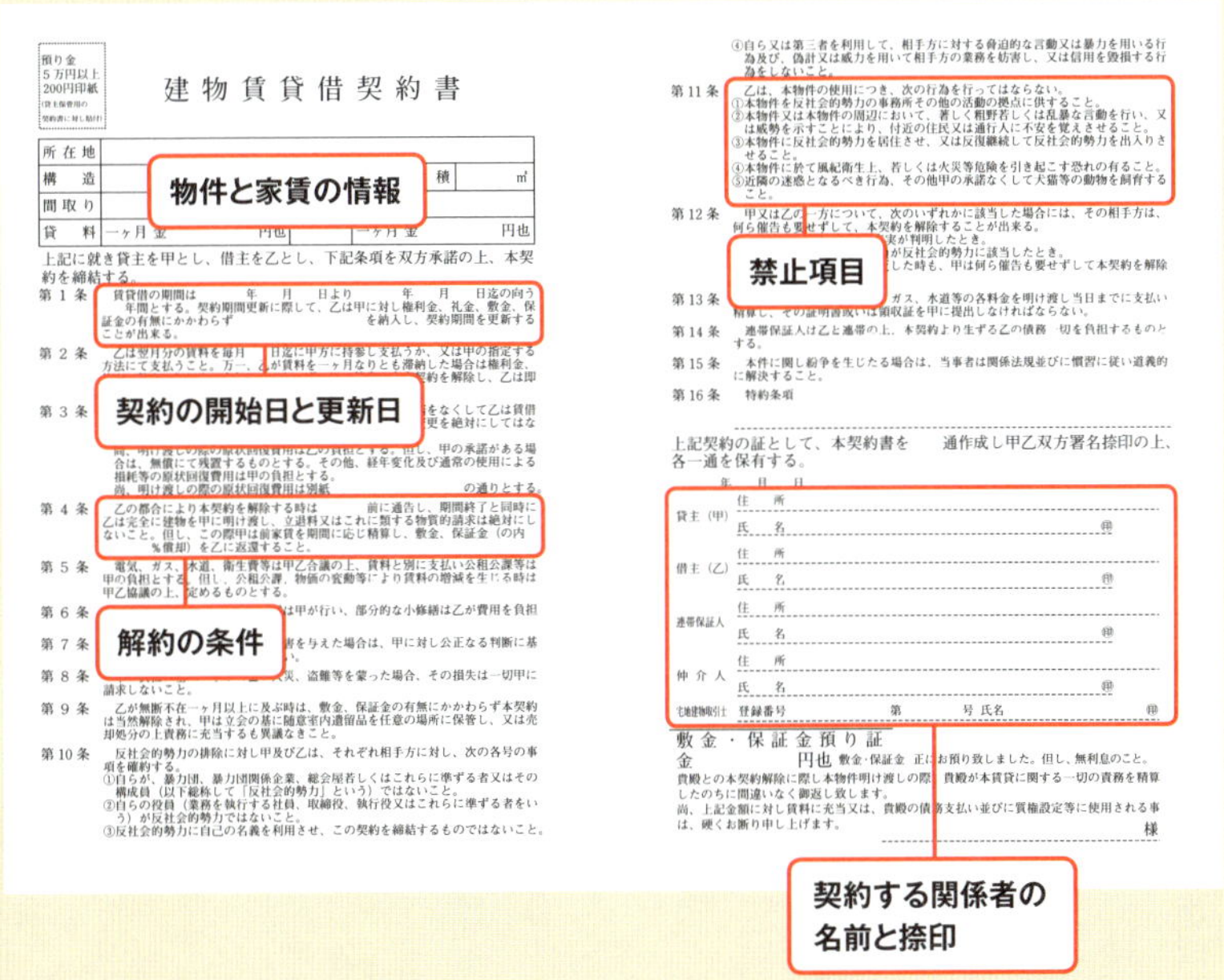

入居者審査で気をつけるポイント

- 家賃は収入の30%以下か
- 家賃保証の加入または連帯保証人の指定があるか
- 夜逃げ履歴や家賃滞納履歴がないか（全国賃貸保証業協会のシステムで確認）
- 転居理由が問題ないか

Point

契約書の内容に問題がないか確認しよう。手数料等は一般的に家賃の1～2カ月分

05 物件を売るときの流れ

不動産を売るときの流れ

不動産を売るときには、まずは不動産の売買を行っている仲介会社を探します。仲介会社は、物件や周辺の環境をよく知っている、近くの会社がおすすめです。

次に、物件を売り出す価格を決めます。このときは、買うときに評価した方法が有効です（第2章6節参照）。もちろん、仲介会社に相談しても良いでしょう。その後、**販売図面や重要事項説明書を作成して、募集を行います**。

仲介会社を経由して問い合わせを受けて、現地見学を受けつけます。買付証明書をもらい詳細な資料を開示したのちに、売買契約を結び、引き渡しを行います。

なお、ローンが残っていても不動産を売ることは可能です。その場合は、売ったときの収入をローンの返済にあてます。ローンはその物件を担保に借りているので、物件を手放す場合には、完済する必要があるのです。売ったときの収入で足りない場合には、別のローンを借りるか、追加で現金を用意します。

売るときに備えて資料を大切に

不動産を売るときは、買ったときと立場が反対になります。そのため、**買ったときに用意してもらった資料は、売るときにも再度利用するので、なくさずに保管しておくことが重要です**。同様に、リフォームの見積書や領収書も残しておきましょう。

また、物件の様子を伝えられるように、空室のときやリフォームのあとに部屋の写真を撮っておくことも大切です。

物件を売るときの流れ

仲介会社を探す
↓
売出価格を決める
↓
販売図面・重要事項説明書を作成する
↓
買い手を募集する
↓
買付証明書をもらう → 価格や条件を協議する
現地を見学してもらう
↓
（ローンがある場合は）ローンの解約の申請をする
↓
物件を売る契約を結ぶ
↓
物件を引き渡す
↓
（ローンがある場合は）ローンを返済する

Point

物件を売るときは、買ったときと立場が反対になる

06

物件を売るときの不動産会社との契約

売るときの契約も貸すときと同様

不動産を売るときも、貸すときと同様に、仲介会社を探すのが一般的です。仲介会社も、貸すときと同様に、専任媒介（および専属専任媒介）と一般媒介の大きく2つに分かれています。

仲介会社は自分の会社のみに依頼され、契約が決まると仲介手数料が必ず入る専任媒介を行いたいはずです。そのため、専任媒介で依頼する場合には、店頭での間取りの貼りつけや、チラシの配布やメディアへの掲載などの、特別な扱いをすることがあります。

しかし、売り手の立場から見ると、専任媒介で1社のみに絞ってその会社に何もしてもらえなかった場合に、いつまでも売れないリスクがあります。これを防ぐために、宅建業法では、他の仲介会社も情報を見られる**「レインズ」というシステムに登録する義務や、定期的に売り手側に活動を報告する義務**を設けています。

一方、一般媒介は、複数の会社に依頼できる契約の方法です。一般媒介の場合には、複数の会社に依頼することで、物件を非公開にされる心配が少ないため、システムへの登録義務はなく、また定期的な活動の報告も不要とされています。

物件を売るときにかかるお金

物件を売るときにかかるお金は、物件価格の４％ほどが相場とされており、買ったときと同様に、仲介手数料や印紙代などがかかります。また、買ったときよりも売るときのほうが値段が高く、利益が出た場合には、譲渡所得税と住民税をその分、多めに納めます。

売るときの不動産会社の探し方

物件を売るときの契約の種類

契約の種類	契約の内容
専属専任媒介契約	• 売り手は1社だけに売却を依頼する • 売り手は自分では買い手を探すことはできない • 不動産会社は契約締結から5日以内にレインズ（システム）に登録する • 不動産会社は、1週間に1回以上、販売活動の報告を行う
専任媒介契約	• 売り手は1社だけに売却を依頼する • 売り手は自分でも買い手を探すことができる • 不動産会社は契約締結から7日以内にレインズに登録する • 不動産会社は、2週間に1回以上、販売活動の報告を行う
一般媒介契約	• 売り手は複数の不動産会社に売却の依頼ができる • 不動産会社はレインズへの登録の義務はない • 不動産会社は売主への活動報告の義務はない

不動産を売るときの諸費用は、物件価格の4％が目安

諸費用の項目	内　容
仲介手数料	仲介会社に支払う報酬 物件金額×3％＋6万円＋消費税 ※物件金額が400万円未満の場合は最大18万円
ローンの抵当権の抹消費用	• 司法書士の記録手続き手数料 • 登録免許税 • ローン解約の手数料：数万円程度
売買契約書の収入印紙代	契約書（売買、ローン）に貼りつける印紙代 金額ごとに規定あり ～数万円程度
精算金（戻ってくるお金）	1月1日に支払っている1年間の固定資産税や都市計画税のうち、残りの日数で日割りした金額

Point

仲介会社との契約の種類を選ぼう。かかるお金は、物件価格の約4％

07 できるだけ「早く」「高く」売るコツは？

どうしても早く売りたいとき

物件を売るときには、個人や家庭の事情などで、急いで売って手元に現金を用意したい場合もあるかもしれません。

その場合は、相場よりも安くして売り出す方法もあります。しかし、それよりも急ぐ場合には、**買い取りを専門に行っている不動産会社に依頼をしましょう**。

相場よりも2~3割ほど安い金額にはなってしまいますが、すぐに購入をしてもらうことが可能です。

少しでも高く売りたいとき

少しでも高く売るためには、まずは**普段から空室を作らず満室に近い状態で運営をすることや、資産価値が下がらないように、こまめに管理やリフォームを行うこと**などが挙げられます。

リフォームをしている場合は、その時期や規模、工事の内容を記入して、売り出すときの値段に反映しましょう。

また、少しでも高く売るためには、高くても買いたいという人を見つけるために、時間に余裕を持って売りに出すことも重要です。最初に少し強気の金額設定で売りに出してみて、反応を見ながら少しずつ金額を下げていく方法です。

家賃以外の収入を増やす

高く売るためには、普段から家賃を含めた利回りを上げておくことが重要です。そのため、場合によっては、自動販売機や太陽光パネルを置くことや、駐車場を貸し出すことなどで、収入を増やしておくのも良いでしょう。

早く高く売るためのコツ

少しでも早く売りたいとき

相場よりも安くする

買取専門の不動産会社に依頼する

少しでも高く売りたいとき

普段から満室状態を維持する

こまめにリフォームする

時間に余裕を持って売り出す

家賃以外の収入を増やす

自動販売機を置く

太陽光パネルの設置

駐車場の貸し出し

Point

時間がない場合は安くすれば売れる
時間をかければ高く売れる可能性がある

08 不動産活用① シェアハウス

近年人気のシェアハウス

シェアハウスとは、複数人で家を共有する形式の住み方です。入居者たちは、主に個室で生活をしながら、キッチンやお風呂、トイレなどを共同で利用して生活をともにします。

以前は部屋数の多い物件を複数人で借りて、一人あたりの家賃を抑えることが多かったですが、近年では**さまざまなコンセプトのシェアハウスが登場し、都心を中心に人気が出てきています**。コンセプトは、クリエイター、国際交流、起業家、就活生専用などとさまざまです。

シェアハウスはコミュニティに価値があります。入居希望者にも事前に見学をしてもらって、相性を見極めましょう。

部屋を分けると家賃が上がる

シェアハウスでは、部屋を分けることで、1部屋あたりの単価が上がり、全体での家賃が上がる傾向にあります。また、部屋を分割して貸し出すことで、空室のリスクが下がります。入居希望者は、定期的な交流会を行うことで、すでにいる入居者から紹介される場合も多いです。

一方で、**共同生活である以上、ルールを作って入居者同士がお互いに守ることが大切です**。ゴミ出しや掃除のルールなどを定めて、入居者同士でのトラブルを防ぎましょう。仲の良さももちろん大切ですが、近隣とのトラブルを防ぐためにも、ルールを徹底することが大切です。

シェアハウスは用途を寄宿舎にし、消防法や都道府県が定める建築安全条例などを満たす必要があります。詳しくは国交省のガイドブックを参照しましょう。

シェアハウスの間取図とルール

シェアハウスの間取図の例（6LDK）

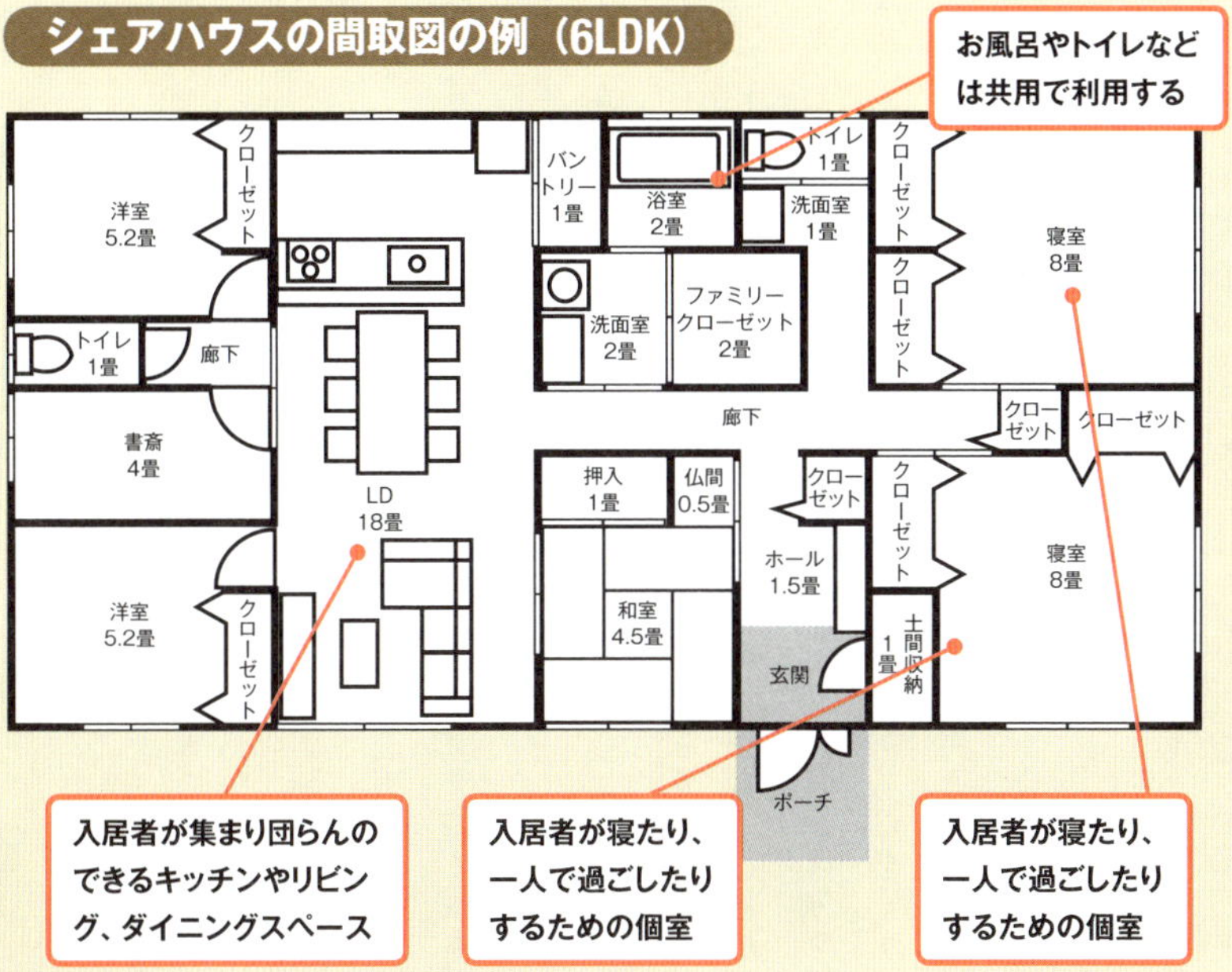

シェアハウスのルールの例

ゴミ出し	来客
共用部分の掃除	ペットの飼育
テレビや電話での音量	施錠
共用部分の利用時間	喫煙
共用部分の利用ルール	消耗品の補充や管理

参考：シェアハウスガイドブック（国土交通省）
http://www.mlit.go.jp/common/001207549.pdf

Point

シェアハウスはコミュニティが大事
コンセプトやルールを定めよう

09 不動産活用② 民泊

民泊とは？

「民泊」とは、旅行者などが一般的な民家の全部または一部の部屋に宿泊することを呼んでいます。

近年では、インターネット上で、ホストと呼ばれる貸し手と、ゲストと呼ばれる借り手が連絡を取り合って、宿泊の日にちや条件などをやりとりします。

現在、世界的にも法律を整備しているところですが、日本では2018年に住宅宿泊事業法が施行されて、旅館業よりも簡単に、民泊を開業できるようになりました。

住宅宿泊事業法では、家主が住みながら部屋を貸す家主居住型と、家主がいなくても貸せる家主不在型の2種類が認められていますが、いずれも**1年間のうち、最大で180日間までしか貸すことができません**。

また、行政が条例で緩和や規制を行う場合もありますが、マンションの管理規約では、不特定多数の出入りによるトラブルを防ぐために、民泊を認めていない場合が多く、まだまだ普及していくには時間がかかりそうです。

民泊は利益が出るが手間もかかる

近年は外国人の旅行者も増えており、観光地を中心に民泊の需要も増えてきています。そのため、**通常の居住用の賃貸よりも、宿泊で貸したほうが利益が出るといわれています**。

ただし、あらかじめ適切な部屋を用意して、行政への届出や登録を行う必要があり、定期的に受付や、部屋の中の掃除、シーツの交換などが必要になります。

手間がかかるため、申請や運用を代行してくれる業者も増えています。

民泊の制度と運用

住宅宿泊事業法の規則

	旅館業法	住宅宿泊事業法	
		家主居住型	家主不在型
行政への申告	許可	届出	登録
年間の営業日数の上限	なし	180日	
建物の用途	ホテル・旅館	住宅、長屋、共同住宅、寄宿舎	
住居専用地域での営業	×	○(自治体により条例で禁止)	
フロントでの受付	必要	映像確認でも可	
クレームの対応	事業者	ホスト	管理業者
近隣住民への説明	不要	必要	

開業の申請

定期的な受付や掃除

参考：民泊制度ポータルサイト（国土交通省）
http://www.mlit.go.jp/kankocho/minpaku/index.html

Point

民泊は法整備を行っている途中なので
行政のホームページなどで確認しよう

COLUMN

コンセプトビルという不動産活用

1棟の物件では、手間はかかりますが、物件全体にコンセプトを与えることで自分の好みを反映して、より価値を高めることが可能です。

ここでは、1棟の商業ビルをコンセプトビルにした不動産活用の事例を紹介します。

コンセプトの例

「食べる・住む・働く」が一体となった、何か新しいことを始めたい、20代を中心とした若手社会人や学生が活躍するビル

物件の活用例

住む

5階　住居（オーナー居住）

- **オーナーの住居**
オーナーが入居者と顔の見える場所にいることで、単に不動産を貸し借りする関係以上の関係を築ける

4階　住居（シェアハウス）

- **シェアハウス**
世代の近い挑戦する仲間と共同生活できる
働きながらオフィスのすぐ近くに住める
家賃を抑えて住める

働く

3階　事務所（個室）

- **個室に区切られた事務所**
大きくなった会社が個室スペースとして利用できる

2階　事務所

- **会員制サロン**
起業や副業に挑戦する仲間が集まる
- **ワーキングスペース**
作業や打ち合わせができる
- **イベントスペース**
発表会や仲間集めができる
※イベントでは外部からも仲間が集まる

食べる

1階　飲食店

- **飲食店（入居者や来訪者の飲食を支える）**
- **シェアレストラン**
（低額で飲食店の開業体験ができる）
※通常営業では外部からも仲間が集まる

CHAPTER 7

第7章

不動産投資の「お金」と「仲間」

01

ローンを返そう

月々のローンの返済

不動産を買うときにローンを借りた場合には、毎月返済を行います。返済は、指定の銀行などの口座に入金しておくことで、自動で引き落としをしてもらう方法が多いです。

ローンの繰上返済

家賃などの収入が入り、**金銭的に余裕が出てきたら、ローンの繰上返済を検討しましょう**。繰上返済は、ローンの支払いを前倒しすることで、その金額に対する利子分の支払いを少なくする仕組みです。もちろん、次の物件に向けて手持ち資金を貯めている場合や、ローンの金利以上の資産運用ができる場合などには、無理して返済を急ぐ必要はありません。

なお、返済の方法には、返済の期間を減らす「期間短縮型」と、毎回の金額を減らす「返済額軽減型」の2種類があります。

金利の交渉と借り換え

毎月のローンを滞りなく返済していくと、実績が銀行などからの信用につながります。そこで、返済と家賃収入の**実績ができてきたら、金利の交渉をすることをおすすめします**。銀行などに電話をすると、金利交渉に必要な方法を教えてもらえます。

また、別の銀行などへ金利を低くして借り換えられる場合があります。借換先は、インターネットなどで調べることもできます。収入の証明や最新の返済表を送付することで、借り換えの条件を提示してもらえます。借り換えの手数料や、ローンの返済の手数料などがかかりますが、条件によっては、金利の支払いの節約になります。

ローンを返そう

繰上返済の返済方法の選択肢

期間短縮型　月々の返済金額は変えず、返済期間を短くする

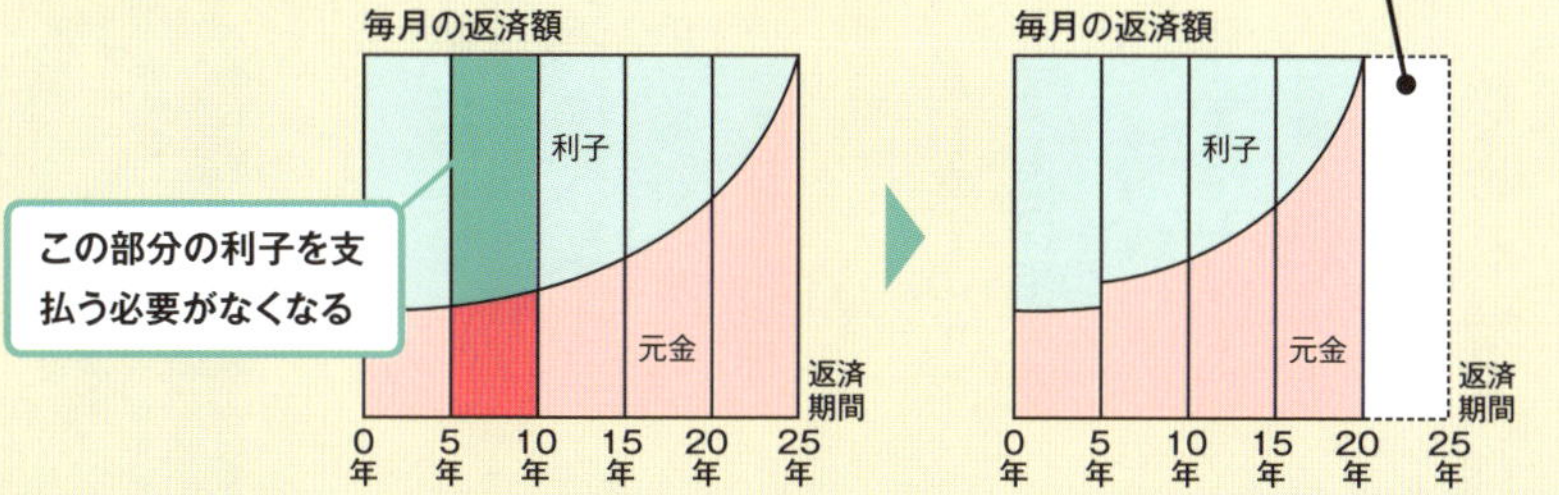

返済額軽減型　返済期間は変えず、月々の返済額を少なくする

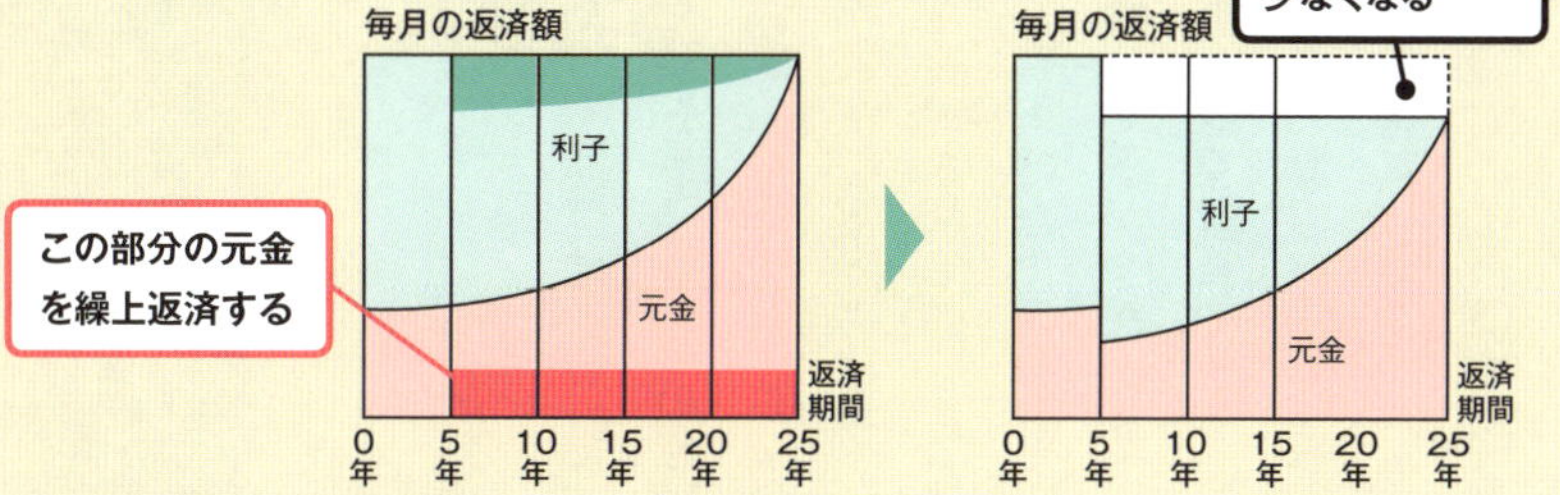

※期間短縮型のほうが、返済額軽減型よりも支払額は安くなる

金利の見直し

返済の実績が出てくると、金利の交渉ができる

借りている銀行など	電話などで金利交渉を打診する
別の銀行など	ローンの借り換えを打診する

Point

繰上返済は、余裕があるときにしよう
また、定期的に金利やローンを見直そう

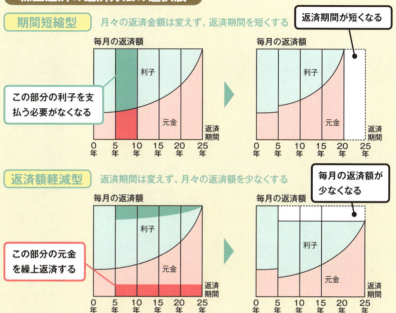

02 どうして不動産は節税がしやすいのか？

不動産は実体のある資産

株式や為替などの投資とは異なり、不動産は実体があることから、**事業を行うためにかかる費用を経費として計上しやすいです**。

不動産の収入は、給料などの他の所得と合算して所得税や住民税を納める仕組みになっています。

そのため、不動産投資で利益が出ても、その分適切に経費を使うことによって節税ができるのです。なお、不動産投資が赤字の場合には、税金が還付されることがあります。

実体よりも価値が低い不動産

また、**不動産は、会計上の価値が低く見積もられているのも特徴です**。

具体的には、会計上の寿命である耐用年数が、実際の建物の寿命よりも短く設定されていることが挙げられます。そのため、会計上の資産は早く価値が下がったように見え、資産価値を低く計算できるのです。実際に現金の動きはありませんが、建物が経年劣化していく分を、会計上、経費として計算することができます。

同様に、行政から見た不動産の評価額も、一般的に市場で取引されている価格に比べて低めに見積もられています。

そのため、相続税や贈与税は、現金をそのまま引き継ぐよりも、同額の建物に変えると約50%、土地は約80%などと、資産の評価額を低くすることができるのです。

不動産は引き継いだあとにも、家賃や売却の収入をもたらします。**現金そのものよりも有利な形で、相続や贈与を行うことができるのです**。

詳しくは専門家に相談しましょう。

不動産にまつわる節税

- 実体があるため、経費を計上しやすい
- 管理費やリフォーム代、物件の情報収集のための打ち合わせ代や飲食費なども経費に計上できる

- 会計上、建物の寿命は実態よりも短い
- 建物の劣化を経費として計上しやすい
- 相続などで資産価値を低く見せられる

不動産投資における必要経費として認められるもの

費目	内容
管理費	エレベーターや電気設備などの建物に付随する設備の保守・点検、共用部分の清掃、法定点検業務（消防設備）、管理組合のサポート業務などに生じるお金
修繕積立金	将来の建物の劣化などに備えて計画的に建物管理会社に支払うお金
賃貸管理代行手数料	賃貸管理会社に支払うお金
リフォーム・修繕費	リフォームや入居者が退去したあとの壁紙変更や破損部の取り換えなど細かいメンテナンスに使われるお金
損害保険料（火災保険料・地震保険料）	損害保険会社に対して支払っているお金
租税公課	印紙税や組合費などの税金や公の負担金のこと
借入利子	ローン返済額の利息部分
減価償却費	建物、建物付属設備、器具備品などの減価償却資産の減価償却費
その他	• 物件の確認や管理会社との打ち合わせなど、不動産所有や運営に関する交通費 • 管理会社との連絡などに用いた電話代などの通信費 • 税理士へ支払う手数料

Point

不動産投資が節税に向いているのは実体があり、会計上の評価が低いため

03 会計のプロに相談しよう

不動産の収入は確定申告が必要

不動産の収入が発生した場合には、毎年、確定申告をしなければなりません。確定申告で1月～12月の1年間の収支を申告するために、家賃収入の記録をしておきましょう。同様に、経費に関しても、何にいくら使用したかを記録して、見積書や領収書を保管しておきます。

確定申告をすることが決まったら、青色申告の申請をしましょう。青色申告は少し面倒な仕分けが必要ですが、最大で65万円の控除があるなど、さまざまな優遇があるため、会計上、有利になります。

法人化を検討しよう

個人の所得税は、現在の最高税率は65%です。一方で法人は最高税率が20%ですので、**収入が大きい場合には、法人化をすることが節税になることがあります。**

また、所得税や相続税は、累進課税といって、金額が大きくなるほど税率が上がります。そのため、法人と個人とで収入を分散させることで支払う税金を減らすこともできます。

なお、はじめから法人で買う方法もあります。**法人で買う場合も個人の信用をもとにローンを借りられるので、実績がない中でも、法人を設立してすぐに不動産を購入することも可能です。**事前に銀行や不動産会社に相談してみましょう。

個人のローンは2～3億円までといわれています。一方法人であれば、事業の状況によって、それ以上のローンを借りることができます。

節税のやり方は、時期や状況によって異なります。税理士や会計士などの会計のプロに相談しましょう。

会計のプロに相談しよう

青色申告の良い点

- 最大で65万円の特別控除を受けられる
- 原則として親族の給与を全額経費にできる
- 自宅などを経費にできる
- 赤字を3年間まで繰り越すことができる

一方で、面倒な点もある

- 事前に青色申告の承認申請書を税務署に提出する必要がある
- 原則として、決められた形式で帳簿を作成する必要がある

青色申告書の記載例

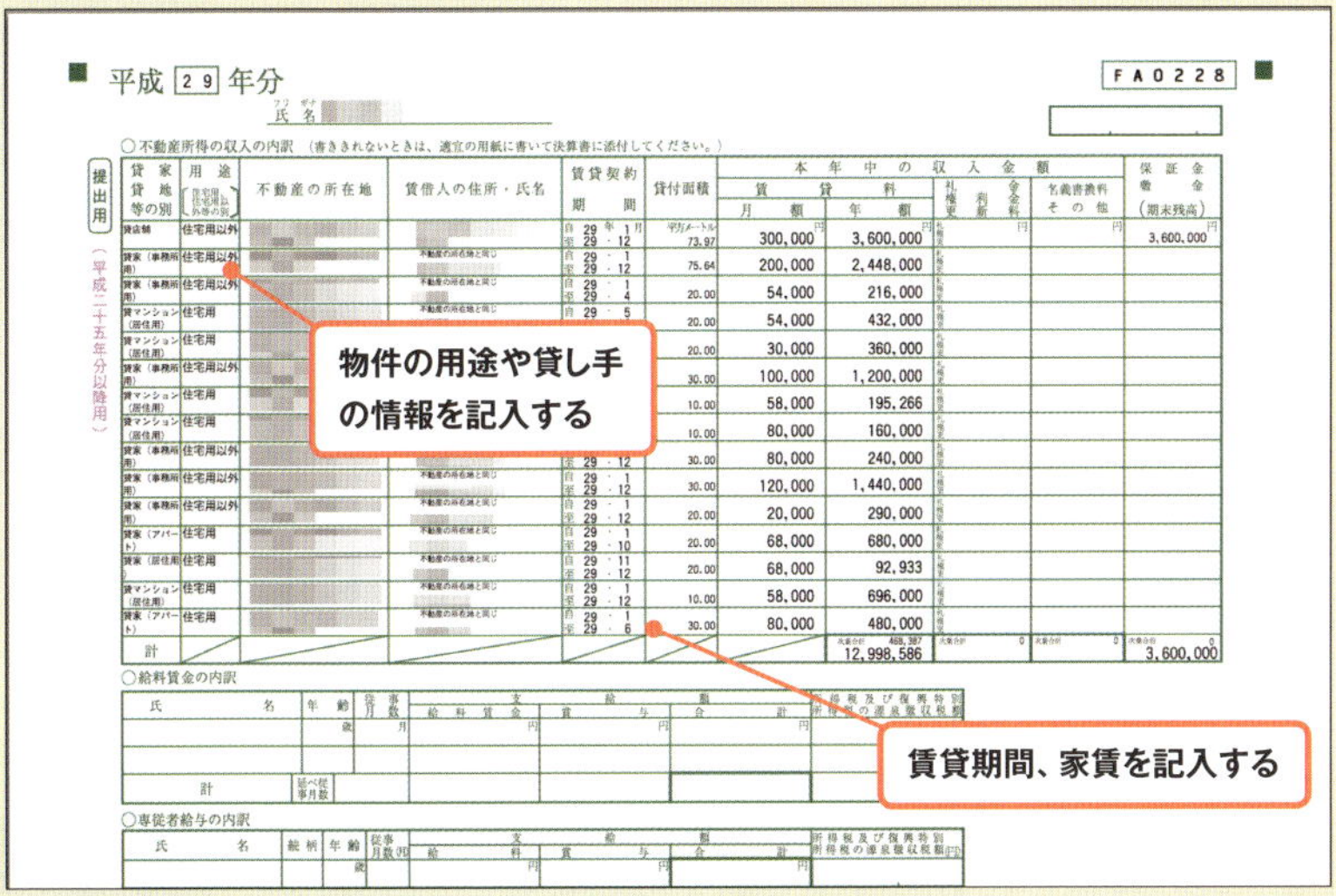
平成 29 年分　FA0228

氏名《フリガナ》

○不動産所得の収入の内訳（書ききれないときは、適宜の用紙に書いて決算書に添付してください。）

提出用　（平成二十五年分以降用）

貸家貸地等の別	用途（住宅用、住宅用以外等の別）	不動産の所在地	賃借人の住所・氏名	賃貸契約期間	貸付面積	本年中の収入金額 賃貸料 月額	賃貸料 年額	礼金・権利金・更新料	名義書換料その他	保証金・敷金（期末残高）
貸店舗	住宅用以外			自 29年1月 至 29・12	平方メートル 73.97	300,000円	3,600,000円	円	円	3,600,000円
貸家（事務所用）	住宅用以外		不動産の所在地と同じ	自 29・1 至 29・12	75.64	200,000	2,448,000			
貸家（事務所用）	住宅用以外		不動産の所在地と同じ	自 29・1 至 29・4	20.00	54,000	216,000			
貸マンション（居住用）	住宅用		不動産の所在地と同じ	自 29・5	20.00	54,000	432,000			
貸マンション（居住用）	住宅用				20.00	30,000	360,000			
貸家（事務所用）	住宅用以外				30.00	100,000	1,200,000			
貸マンション（居住用）	住宅用				10.00	58,000	195,266			
貸マンション（居住用）	住宅用				10.00	80,000	160,000			
貸家（事務所用）	住宅用以外			至 29・12	30.00	80,000	240,000			
貸家（事務所用）	住宅用以外		不動産の所在地と同じ	自 29・1 至 29・12	30.00	120,000	1,440,000			
貸家（事務所用）	住宅用以外		不動産の所在地と同じ	自 29・1 至 29・12	20.00	20,000	290,000			
貸家（アパート）	住宅用		不動産の所在地と同じ	自 29・1 至 29・10	20.00	68,000	680,000			
貸家（居住用）	住宅用		不動産の所在地と同じ	自 29・11 至 29・12	20.00	68,000	92,933			
貸マンション（居住用）	住宅用		不動産の所在地と同じ	自 29・1 至 29・12	10.00	58,000	696,000			
貸家（アパート）	住宅用		不動産の所在地と同じ	自 29・1 至 29・6	30.00	80,000	480,000			
計							次葉合計 468,387 12,998,586	次葉合計 0	次葉合計 0	次葉合計 0 3,600,000

○給料賃金の内訳

氏名	年齢	従事月数	支給額 給料賃金	賞与	合計	所得税及び復興特別所得税の源泉徴収税額
	歳	月	円	円	円	
計		延べ従事月数				

○専従者給与の内訳

氏名	続柄	年齢	従事月数	支給額 給料	賞与	合計	所得税及び復興特別所得税の源泉徴収税額
		歳		円	円	円	円

物件の用途や貸し手の情報を記入する
賃貸期間、家賃を記入する

Point

不動産の節税時期や状況で変わるため会計のプロに相談しよう

04 不動産投資の仲間を作ろう

勉強会やセミナーに参加しよう

不動産投資をするにあたって大切なのは、**一人で考えすぎずに、たくさんの視点で不動産を見ること**です。

不動産投資は、さまざまな事情のある売り手や買い手、貸し手や売り手がいて成り立つものなので、自分が売れる、貸せると思っていても、それが思い込みだとうまくいかない場合があります。

不動産をさまざまな角度で客観的に見つめるためには、勉強会やセミナーに参加してみることです。

大家さんと交流しよう

ただし、不動産会社が主催するセミナーや勉強会は、注意が必要です。会社が主催しているイベントでは、どうしてもその会社の事業に関連する良い面を切りとってしまい、偏った情報をもとに営業をしようとしてくる可能性があるためです。そこで得た知識を鵜呑みにしてしまわないように気をつけましょう。

できれば、自社の営業につなげたい思惑のある会社が主催するイベントではなく、中立的なイベントに参加するのがおすすめです。できるかぎり、**大家さんが中心になっている集まり**に参加しましょう。SNSなどのコミュニティをのぞいてみると、定期的に情報交換をする集まりが開催されています。

もちろん、最後は自己責任

誰にどれだけアドバイスをもらったとしても、最後に決断をするのは自分です。情報はそのまま信じ込まずに、自分でも調べたうえで、**自分で責任をとれると思えるまで考えぬいて、決断をしましょう。**

不動産投資の仲間探し

セミナーや勉強会に参加する

できるだけ中立的なものに参加する

大家さんのコミュニティで勉強する

Point

できるだけ中立的な勉強会に参加しよう。そして、最後は自分で決断しよう

05

次の物件の準備をしよう

実績を積むほど有利に

不動産投資を行っていく中で、家賃が入る喜びを得たり、節税の必要が出てきたりすることで、次の物件を意識するようになります。

不動産投資では、時間をかけるほど条件が有利になっていきます。持っている不動産のローンを返していくことで、返した分がまた借りられる余裕になり、また、ローンを返す実績ができることで、銀行などからの信用が増えて、次の審査ではより有利な条件でローンを借りることができるでしょう。その分、次の物件を購入するチャンスも増えるのです。

投資の魅力は「複利」

投資の魅力は「複利」です。複利は、利益を再投資することで、さらに大きな利益を得ていくことです。**不動産が不動産を買っていく仕組みを作ることで、さらに資産は大きくなっていきます。**

また、資産が増えてくると一般的な投資と同様に、さまざまな地域に分散して不動産を所有しておくことも大切です。攻めと守りを使い分けて、何かリスクが起こったときに備えておきましょう。

まずは一歩を踏み出すことから

すべては最初の一歩を踏み出すことから始まります。少しでも早く始めたほうが有利かもしれませんが、あせらず、自分のペースで物件を探しましょう。

たくさんの物件を見て、経験を積むことで、より良い物件を見つけられるようになります。不動産投資を通じて、自分に合った資産運用を実現しましょう。

次の物件の準備をしよう

Point

不動産投資で得た知識や経験、お金をもとに、次の物件の準備をしよう

おわりに

不動産投資は、投資のひとつではありますが、実際には「不動産賃貸業」という事業の側面も強いです。そのため、不動産投資では、「自分で経営する」という意識が必要です。

物件を買うまでの判断でも、買ったあとの運営でも、経営者としての手腕が問われます。不動産投資に正解はなく、常に同じ状況、同じ物件、同じ条件を再現することはできません。大切なのは、基本的な知識を身につけながら、その場、その状況に応じて、勉強して、行動して、突き進んでいくことだと思っています。そういった意味でも、本書が皆さまの不動産投資の最初の一歩を踏み出すきっかけになればうれしいです。皆さま一人ひとりの成功を、心よりお祈りしています。

これまで不動産に詳しくなかった方々が、不動産に興味を持ち、実際に手に入れることで、さまざまな面白いコンセプトが生まれること、そしてもともと世界に1つしかない物件が、さらにユニークさを増して、世の中に面白いコミュニティが生まれることを、楽しみにしています。

最後に、不動産という業界に出会わせてくれて、住まいや暮らしの楽しさを教えてくれたリクルートや、「食べる・住む・働く」を体現するコミュニティを形成してくれた弦本ビルの入居者のみんな、そして、これまでさまざまな面で関わってくださったすべての方々に、心より感謝します。

また、本書を出版するにあたって、尽力してくださった翔泳社の長谷川和俊さん、レビューや意見をくださった多くの方々に、この場を借りてお礼を申し上げます。ありがとうございました。

２０１９年1月　弦本 卓也

索引

土地家屋調査士……41
土地の価格……4
取引事例比較法……60
取引態様……52

な行

入居者……82
入居申込書……83

は行

媒介……52
ハザードマップ……54
販売図面……6, 84
販売代理……52
日影規制……75
表面利回り……62
風致地区……73
不具合の対応……114
複利……160
物件を売る……140, 142, 144
不動産会社……38, 40, 42
不動産鑑定士……41
不動産サイト……54
不動産取得税……103
不動産仲介契約書……134
不動産仲介士……41
不動産投資ローン……105
不動産媒介契約書……98
不動産売買契約書……98
プレハブ工法……80
プロパーローン……105
変動金利……110
防火地域……73
法人化……156
ホームインスペクター……41
本審査……112

ま行

マイソク……66
間取図……68, 70
まもりすまい……117
マンション……28
マンション管理員……41
マンション管理士……41
マンション理事会……78
民泊……28, 148
申込書……90, 92
木造……80
木造枠組工法……80
元金均等返済……110
元利均等返済……110

や行

家賃……4, 136
容積率……75, 76
用途地域……72

ら行

ライフライン……78
リスク……2, 36
リフォーム……103, 120, 122, 126, 155
リフォーム会社……124
利回り……62
旅館……28
礼金……136
レインズ……142
レントロール……82
ローン……6, 8, 34, 104, 152
ローン特約……100
ローンの審査……108
ローン保証料・手数料……103
路線価……58

コンセプトビル……150

さ行

災害などの発生による解約……100
在来工法……80
シェアハウス……28, 146
市街化区域……72
市街化調整区域……72
敷金……136
敷地……78
市況……26
事業用ローン……105
事故物件……86
資産……10
地震保険……116
事前審査……112
実質利回り……62
私道……78
司法書士手数料……103
斜線制限……75
収益還元法……60
集合住宅……78
収支……4
修繕計画……78
修繕積立金……78, 86, 155
修繕費……155
修繕履歴……78
住宅ローン……105
重要事項説明書……94
準防火地域……73
諸費用……102
人口統計……54
新築……31
ストリートビュー……54
住みやすさ……84
節税……154
接道義務……74
専属専任媒介……142
専任媒介……134, 142
想定家賃……82
想定利回り……62
租税公課……155
損害保険料……155

た行

大規模修繕計画……86
耐震基準……86
耐震診断……74
太陽光パネル……28
宅地……28
宅地建物取引士……41
建物状態調査……130
団体信用生命保険……103, 116
仲介……52
仲介手数料……103, 138
中古物件……31, 86
駐車場……28
賃貸……132
賃貸管理代行手数料……155
賃貸契約書……138
賃貸不動産経営管理士……41
ツーバイフォー……80
抵当権設定契約書……112
手付金……98
手付金のやりとりをする解約……100
鉄骨造……80
問い合わせ……50
登記……96
登記簿……90, 96
投資戦略……32
道路……78
登録免許税……103
特別用途地区……73
都市計画法……72

索引

アルファベット

AC……69
EV……69
N……69
PS……69
RC造……80
REIT……28
S……69
SRC造……80
UB……69
WC……69
WIC……69

あ行

青色申告……156
空室対策……138
空き家率……54
悪徳商法……46
アスベスト……74
アパート……28
アパートローン……105
石綿……74
一戸建て……28
一般媒介……134, 142
違約金……100
印紙代……103
インスペクション……130
売主……52

か行

海外不動産……28
買付証明書……90, 92
解約……100
鍵交換……103
確定申告……156
火災保険……103, 116
火災保険質権設定契約書……112
瑕疵担保責任……114
家族の理解……118
学区……54
壁式工法……80
借入利子……155
借り換え……152
仮審査……112
管理会社……128
管理規約……78
管理業務主任者……41
管理費……103, 155
キーボックス……132
既存不適格……76
金銭消費貸借契約書……112
金利……106
金利交渉……152
クーリングオフ……46, 100
繰上返済……152
景観地区……73
競売……53
経費……10
契約……90
見学……50
減価償却費……155
原価法……60
建築基準法……74
建築士……41
現地見学……84
建ぺい率……75, 76
公示価格……58
更新料……136
構造……80
高度地区……73
告知義務……86
固定金利……110
固定資産税……103
固定資産税評価額……58

会員特典データのご案内

本書の読者特典として、「不動産用語集」をご提供致します。
会員特典データは、以下のサイトからダウンロードして入手いただけます。

https://www.shoeisha.co.jp/book/present/9784798160061

●注意

※会員特典データのダウンロードには、SHOEISHA iD（翔泳社が運営する無料の会員制度）への会員登録が必要です。詳しくは、Webサイトをご覧ください。

※会員特典データに関する権利は著者および株式会社翔泳社が所有しています。許可なく配布したり、Webサイトに転載することはできません。

※会員特典データの提供は予告なく終了することがあります。あらかじめご了承ください。

●免責事項

※会員特典データの記載内容は、2018年12月1日現在の法令などに基づいています。

※会員特典データの提供にあたっては正確な記述につとめましたが、著者や出版社などのいずれも、その内容に対してなんらかの保証をするものではなく、内容やサンプルに基づくいかなる運用結果に関してもいっさいの責任を負いません。

※会員特典データに記載されている会社名、製品名はそれぞれ各社の商標および登録商標です。

本書内容に関するお問い合わせについて

このたびは翔泳社の書籍をお買い上げいただき、誠にありがとうございます。弊社では、読者の皆様からのお問い合わせに適切に対応させていただくため、以下のガイドラインへのご協力をお願い致しております。下記項目をお読みいただき、手順に従ってお問い合わせください。

●ご質問される前に

弊社Webサイトの「正誤表」をご参照ください。これまでに判明した正誤や追加情報を掲載しています。

正誤表　https://www.shoeisha.co.jp/book/errata/

●ご質問方法

弊社Webサイトの「刊行物Q&A」をご利用ください。

刊行物Q&A　https://www.shoeisha.co.jp/book/qa/

インターネットをご利用でない場合は、FAXまたは郵便にて、下記"翔泳社 愛読者サービスセンター"までお問い合わせください。電話でのご質問は、お受けしておりません。

●回答について

回答は、ご質問いただいた手段によってご返事申し上げます。ご質問の内容によっては、回答に数日ないしはそれ以上の期間を要する場合があります。

●ご質問に際してのご注意

本書の対象を越えるもの、記述個所を特定されないもの、また読者固有の環境に起因するご質問等にはお答えできませんので、予めご了承ください。

●郵便物送付先およびFAX番号

送付先住所 〒160-0006　東京都新宿区舟町5
FAX番号 03-5362-3818
宛先（株）翔泳社 愛読者サービスセンター

著者紹介

弦本 卓也（つるもと・たくや）

1987年、埼玉県生まれ。大学卒業後、大手広告会社「リクルート」にて不動産メディア「スーモ」(SUUMO) の運営に従事。新卒で入社して現在まで、スーモのメディアづくりや、組織づくりに従事。また、リクルートグループ内の部活動制度にて「大家部」を立ち上げ、部長を務める。不動産投資に関する情報交換や、物件見学のワークショップなどを行う。

入社2年目に新築一戸建ての広告を取り扱う部署に異動したことをきっかけに、個人でも新築一戸建てを購入。翌年に売却分野を担当したことをきっかけに、売却も経験。その後、新しい暮らし方を自ら体験したいと思い、東京都千代田区の神保町に中古のビルを1棟購入。「弦本ビル」はコワーキングスペース、シェアオフィス、シェアハウス、飲食店が入居する複合ビルとなっており、20代を中心とした若手社会人や学生のやりたいことを実現する場所として注目を集め、3年間で延べ1万人以上の来場者数を記録。現在は家賃年収1,400万円を達成しながら、満室経営を続けている。

お金面とビジョン面の両立を大切にしており、モットーは「一人ひとりの可能性をもっと世の中に」。会社員を続ける傍ら、学生時代に起業した会社とあわせて、現在は株式会社を2社経営。投資家として若手実業家の支援なども手がける。

セミナーなどでの講演も行い、日経新聞や不動産業界紙、書籍や雑誌、テレビなどでも多数の注目を集めている。

https://www.facebook.com/takuya.tsurumoto
https://www.recruit-sumai.co.jp/sumai/27.html

STAFF

カバーデザイン	河南 祐介（株式会社FANTAGRAPH）
本文デザイン	五味 聡（株式会社FANTAGRAPH）
カバー/本文イラスト	今井 ヨージ
DTP	有限会社 ケイズプロダクション
企画協力	森久保 美樹（NPO法人 企画のたまご屋さん）

超ど素人がはじめる不動産投資

2019年 1月21日　初版第1刷発行
2022年11月15日　初版第3刷発行

著者	弦本 卓也（つるもと・たくや）
発行人	佐々木 幹夫
発行所	株式会社 翔泳社（https://www.shoeisha.co.jp/）
印刷・製本	日経印刷 株式会社

ISBN978-4-7981-6006-1　Printed in Japan